瓷话中国

——走向世界的中国外销瓷

曾玲玲　著

商务印书馆

创于1897　The Commercial Press

2016年·北京

图书在版编目(CIP)数据

瓷话中国：走向世界的中国外销瓷 / 曾玲玲著. —
北京：商务印书馆，2014（2016.11重印）
（丝瓷之路博览）
ISBN 978－7－100－08352－2

Ⅰ.①瓷… Ⅱ.①曾… Ⅲ.①古代陶瓷－外销－研究
－中国 Ⅳ.①K876.34 ②F724.787

中国版本图书馆CIP数据核字(2014)第041797号

瓷话中国
——走向世界的中国外销瓷

曾玲玲 著

商 务 印 书 馆 出 版
（北京王府井大街36号 邮政编码 100710）
商 务 印 书 馆 发 行
北京画中画印刷有限公司印刷
ISBN 978－7－100－08352－2

2014年5月第1版　　　　开本 880×1230　1/32
2016年11月北京第2次印刷　印张 5 1/4
定价：32.00元

主　　办：中国社会科学院历史研究所中外关系史研究室

顾　　问：陈高华

特邀主编：钱　江

主　　编：余太山　李锦绣

主编助理：李艳玲

编者的话

　　《丝瓷之路博览》是一套普及丛书，试图以引人入胜的方式向广大读者介绍稳定可靠的古代中外关系史知识。

　　由于涉及形形色色的文化背景，故古代中外关系史可说是一个非常艰深的研究领域，成果不易为一般读者掌握和利用。但这又是一个饶有趣味的领域。从浩瀚的大海直至无垠的沙漠，一代又一代上演着一出又一出的活剧。既有友好交往，又有诡诈博弈，时而风光旖旎，时而腥风血雨。数不清的人、事、物兴衰遭递，前赴后继，可歌可泣，发人深省。毫无疑问，这些故事可以极大地丰富人们的精神生活。

　　本丛书是秉承《丝瓷之路》学刊理念而作。学刊将古代中外关系史领域划分为三大块：内陆欧亚史、地中海和中国关系史、环太平洋史。欧亚大陆东端是太平洋，西端是地中海。地中海和中国之间既可以通过海上丝绸之路，也可以通过草原之路往来。出于叙事的方便，本丛书没有分成相应的三个系列，但种种传奇仍以此为主线铺陈故事，追古述今。我们殷切希望广大读者和作者一起努力，让古代中外关系史的知识走进千家万户！

2012 年秋

引 子

它们，源自火与土，凝结着中国古代工匠的智慧和心血。

它们，堪称早期全球化商品，曾经漂洋过海，远播世界每一个角落。

它们，被视为财富和地位的象征，激发了各国商人的海上冒险，创造了一个又一个航海神话。

它们，是最称职的文化使者，让东方古国文明的光芒在全球闪耀。

它们就是本书的主角——中国外销瓷。

本书尝试从中外文化交流的角度梳理8世纪以来的中国外销瓷贸易历史，重点讲述中国瓷器进入不同文化背景的国家后出现的趣事、带来的文化碰撞，以及中国外销瓷引发的东亚、欧洲各国瓷器革命，最终成就了世界制瓷历史的绚烂篇章。衷心感谢中国社会科学院历史研究所余太山先生的厚爱，将该书纳入《丝瓷之路博览》丛书，让我能与广大读者分享自己对外销瓷的认知和感悟。感谢导师林悟殊先生，一直鼓励和支持我开展研究和写作，并给予悉心指导。感谢广州博物馆的领导和同事对我一如既往的帮助与支持。本书大部分图版由广州博物馆提供，已在书中一一注明，特此鸣谢！

谨将这本知识读物作为自己八年工作与学习的小结，但愿广大读者通过阅读，也与中国外销瓷结缘，开启一段有关中外文化交流历史的美好旅程！

2012 年冬

目 录 CONTENTS

第三章

海外名瓷

第一章

海上瓷路

　　本书所指的海上瓷路不是一条由唯一起点和唯一终点连接而成的路线，而是因中国瓷器外销所引发的连接世界各地的瓷器海路贸易交通网线的总称，这条商路既是东西方世界陶瓷贸易的重要通道，也是多种文明交流融合的桥梁。这条海上瓷路承载着中国瓷器工匠的惊人创造和心血结晶，还有各国商人对财富和地位的梦想。日复一日，年复一年，无数人在此演绎着狂喜或悲伤的传奇。无论是抵港的商船，还是中途触礁的沉船，都应该和那些源自东方文明古国的伟大发明一起被载入史册，因为它们共同谱写了人类历史的绚丽篇章！

一

独特的全球化贸易商品

我国烧制陶器的历史悠久，然而直到唐代，工匠们才烧制出真正的高温瓷器。这种艺术品的诞生，源于无数工匠经过千百次的试验、探索，最终才掌握其中的奥秘。在中国工匠手中，泥土可随意幻变成各种器型，这其中的魔力就是中国古代劳动人民的无穷智慧和创造力。

唐代中期，一方面，新窑场开始涌现，并且具备了批量生产的能力，但此时产量远不如后来的宋代巨大；另一方面，随着唐王朝与外部世界的联系不断加强，瓷器作为中国独有的伟大发明，逐渐成为价格高昂的外销商品。晚唐、五代至宋初是瓷器外销的第一个高峰期。这一时期以邢窑白瓷、越窑青瓷、湖南长沙窑彩绘瓷为主，也代表了当时国内最著名的三种瓷器类型：白瓷如雪，青瓷碧绿，彩瓷多变，可满足不同市场的顾客需要。长沙窑作为中华第一彩瓷，在外销的过程中，受到域外文化的影响不断兼收并蓄，形成丰富多彩的器型和纹饰，受到海外市场的广泛喜爱，外销数量惊人。据不完全统计，在亚非 13 个国家、73个地区都曾出土长沙窑瓷器，器身还出现了胡人、椰枣、棕榈纹饰及阿拉伯文字，充分体现了其作为外销瓷的文化特色，成为唐代外销瓷的佼佼者。在伊拉克萨马拉和伊朗内沙布林等 9 世纪王朝首都遗址和埃及伏斯泰特港口，也发现了大量中国唐代的外销瓷碎片。晚唐时期，陆上丝绸之路战乱不断、动荡不安，贸易通道时常被中断。为了减少内陆运输的风险及降低成本，瓷器外销开始转为主要依靠海路运输。

宋至明初是瓷器外销的第二个阶段，以龙泉青瓷、建窑及吉州窑黑釉瓷、景德镇青白瓷、青花瓷、釉里红为主。随着航线的不断拓展和海外贸易的繁荣，瓷器出口国家也不断增加，包括了东北亚、东南亚的全部国家，南亚、西亚大部分国家和非洲东海岸等，几乎覆盖了南海海域、印度洋海域和东北亚地区。阿拉伯人和波斯人成为 8—15 世纪中国与波斯湾地区海上贸易的主要中间商，在南海海域转运货物，以中国的丝、瓷、茶交换香料、玻璃、珊瑚和象牙，瓷器作为其中的大宗货物，因中国以外其他地方尚未掌握制瓷工艺，属于技术垄断型商品，利润丰厚。

明初实行海禁，瓷器外销主要依靠朝贡贸易，规模不大。明中期开放海禁之后，大量的瓷器开始被贩运出海。明朝初期以婆罗为界，以东称为东洋，以西称为西洋。明中期开始，除了之前与中国进行贸易的东洋国家，随着地理大发现热潮抵达东半球的西洋诸国探险家和商人也纷纷开始探求与中国贸易的机会。他们因《马可·波罗游记》的描绘，对遍地黄金的远东充满了幻想和好奇，热切期望开通与远东地区的直航通道，直接获取丝绸、瓷器、茶叶、香料等舶来品，免受中间商剥削。16 世纪中叶（明嘉靖年间），葡萄牙人借机租借澳门，将其作为中国商品尤其是瓷器的主要转口港。16 世纪末 17 世纪初，先后有西班牙、英国、荷兰、丹麦、法国在印度、印度尼西亚、马来半岛等地成立贸易据点，致力于东方贸易。有"海上马车夫"之称的荷兰通过战争取代葡萄牙、西班牙，确立了其在西太平洋的霸主地位，在与中国的海路贸易中抢占了先机。荷兰首先夺取了向欧洲各国出口中国瓷器的航运贸易优先权，在亚洲的巴达维亚、长崎等港口建立了根据地，编织了荷兰的世界瓷器贸易网。据不完全统计，17 世纪上半叶有大约 300 万件瓷器通过荷兰东印度公司被运往荷兰和世界各地，荷兰也是最早在中国定制特殊纹样瓷器的国家。荷兰东印度公司因而成为 17 世纪中国瓷器最大的买家，获利丰厚。

随着欧洲皇室、贵族对中国瓷器的追捧，外销瓷如黄金般炙手可热，荷兰对中国外销瓷的垄断地位很快被打破。英国船队驶入南海海域，占据中国瓷器外销市场的大半壁江山。

明代中晚期至清初 200 多年是中国外销瓷的黄金时期，以青花瓷、五彩瓷、粉彩瓷和广州织金彩瓷为主。景德镇是明代最大的外销瓷生产中心，尤其是晚明的"克拉克瓷"和"过渡时期瓷器"，销量惊人。1620 年，万历皇帝驾崩，国内政局不稳，景德镇官窑停产，大量瓷器转为由民窑生产及外销。福建、广东及江苏等沿海省份的瓷窑因海外市场的需求而大胆创新，在瓷器生产和技术研发上大放异彩。福建德化白瓷在欧洲被誉为"中国白"，广东石湾窑以日常用具、瓦脊装饰等建筑构件和历史、神话人物雕塑畅销东南亚及欧洲，广州彩瓷更是独树一帜，以中西合璧的独特风格深受欧美市场喜爱，销量惊人。还有江苏宜兴的紫砂陶，从晚明开始就外销东南亚和欧洲，其陶泥可塑性和实用性强，尤以茶壶和器具订单最多。贴花和透雕图案紫砂茶壶最受欧洲皇室贵族钟爱。

这一时期的外销瓷精品迭出，大多是订烧瓷，器型及图案既有传统的中国风格，也有不少融合了西方元素。不断改良的制瓷技术、严格的生产流程、精细的人员分工和以市场为导向的商品风格，推动了外销瓷贸易的繁荣。特别是 1684 年清朝开放海禁，允许欧洲国家到广州进行贸易，外销瓷数量瞬时激增，至今东南亚、南亚诸国博物馆和西方航海国家留存的贸易档案可兹证明，荷兰、英国、瑞典等与中国进行瓷器贸易的大国，每年进口瓷器数量可达数百万件。现今这些国家博物馆及私人收藏家所藏的中国外销瓷，其种类之丰富，款式之精美，让人叹为观止。随着 16 世纪以后全球化贸易的推进，中国瓷器流播到世界各地，畅销全球，真正成为了一种世界性商品。

追溯历史，我们可以清晰地看到，16 世纪以后遍布世界的瓷器贸易是全球化贸易的结果，同时，瓷器贸易也加速了全球化贸易，两者有着必然的联系。大航海时代的到来是经济全球化开始的历史性事件，海上航行使整个世界连接在一起，商品、技术、资本和人力等生产要素从此有了跨国界自由流动的可能。在这个背景下，大宗商品的全球流动加速了经济全球化的到来，瓷器就是其中之一的驱动器。中国瓷器品质优良、款式多样、装饰丰富、物美价廉，适应了地球上最广泛人群的生活和艺术欣赏需求，而且垄断性的技术使中国瓷器成为最具竞争力的全球化商品。中国瓷器贸易推动了全球范围内的商品交换、人员和资金的流动以及技术革新，中国广州、日本长崎、印度尼西亚巴达维亚、葡萄牙里斯本、荷兰鹿特丹和阿姆斯特丹、英国利物浦……许多贸易港口成为瓷器贸易中心，一批最早的跨国贸易机构——各国东印度公司因瓷器贸易积累了巨额的财富，中国成为了瓷器制造和技术革新的中心，各国也开始了对制瓷技术无止境的探索，全球制瓷业迈进新时代。

中国外销瓷成为全球化商品，有其历史必然性。中国强大的商品制造能力和中国外销瓷本身具有的独特优势，是最根本的原因。1629年（明朝崇祯二年），荷兰非法侵占台湾时驻台第三任长官讷茨（Nayts）上交了一份报告给荷兰国王，上面写着："中国是一个物产丰富的国家，它能够把某些商品大量供应全世界。"据史料记载，16—18世纪，中国向全世界出口的商品约有236种，其中手工业品有137种，占总数的一半以上。其中又以生丝、丝织品为大宗，其次是瓷器和茶叶等。在工业革命之前，中国是世界的手工制造业中心之一，流传千年的各种技艺令人称奇，数以万计的工匠和作坊生产的各种华丽精美的商品，通过海外贸易供应给世界各地的皇室、贵族和中等阶级家庭。据统计，1553—1830年，因西方国家到广州贸易而流入中国的白银达五亿两以上。1585—1640年，日本因与中国贸易而输入中国的白银达到约1500万两。可见，直到鸦片战争前夕，在贸易全球化过程中，中国以其众多具有竞争力的手工业商品遥遥领先于世界各个国家和地区。中国商品流入欧洲市场，掀起了"中国热"，这股风尚又进一步导致了中国商品的热销，各个国家和地区都来中国购买华丽精美的商品，使中国成为贸易全球化的大市场。瓷器无疑是贸易全球化早期最闪亮的商品，成为 17 世纪以后每一艘从东方返航的帆船必不可少的大宗货物。

究竟外销瓷的生产和销售过程如何？数量如此庞大的瓷器又是如何在窑场烧制而成，再运送到沿海港口贸易呢？如今，我们从历代古籍、档案查阅资料，也难觅只言片语的记载，因为外销瓷属于海外贸易，生产外销瓷的窑口也并非都是官窑，没有详细的官方记录。所幸随外销瓷出现的还有绘制瓷器生产过程的外销画，为我们真实地保存了几百年前中国外销瓷的生产、运输和贸易历史。

外销画是十八九世纪中国出口到欧美国家的一种独特外销商品，因其多以描绘中国的市井百态、港口风光、风土人情、花鸟植物为题材，深受西方顾客喜爱，是摄影术发明之前西方人了解中国社会最直观、生动的物质载体，因此常被来华的外国商人、水手作为馈赠亲友的最佳礼物选购回国。目前存世的外销画有油画、水彩画、通草画、象牙细密画、玻璃画等品种，以水彩画和通草画存世的数量最多、流传最广。而广州作为清代外销商品的主要出口港，是清代外销画生产和销售的最重要口岸。外销画中有一类特殊的题材，反映外销瓷器的生产过程，包括挖土、制胎、上釉、烧制、运输、洋商洽谈、订货、出售、装运出洋的每一个步骤，绘制得细致入微。现今发现的绘制外销瓷生产的外销画从 12 幅一册到 50 幅一册不等，世界上许多重要博物馆都有收藏。瑞典隆德大学图书馆现存一套 50 幅的瓷器制作过程图，堪称目前所见数量最多的一套，而且因其来源清晰，更显珍贵。18 世纪 50 年代瑞典东印度公司的坎贝尔（Colin Campbell）在广州贸易期间购买了这套画册并带回瑞典，40 多年后，这套画册被人购买并赠送给隆德大学，得以保存至今。

那么这类瓷器生产过程的绘画起源于何时呢？是否有范本？是写

实作品还是艺术想象？据学者研究，这类外销画的范本也许就是明代宋应星的《天工开物》。该书有13幅木刻插图，每幅图均有标题，真实地描绘了明代瓷器生产过程，这些插图为清代画家绘制瓷器制作过程提供了范本。1738年，宫廷画师们奉命绘制了12幅瓷器制作过程图，之后乾隆皇帝多次要求绘制这一题材的图画，如今故宫仍收藏有这一类画作。1815年刻印的兰浦的《景德镇陶录》附有其弟子郑庭贵绘制的14幅瓷器制作过程图，这些图比起《天工开物》的插图在构图上更加复杂，对制作过程的描绘更加细致准确，堪称18世纪景德镇瓷器制作过程实录。今天我们看到的外销瓷制作过程图，为了满足西方顾客的需要，特别增加了与洋商交易、包装运输、装运出洋的画面，以突出外销商品生产、销售的全过程，这是传统中国绘画不会涉及的内容，说明这是专门为海外顾客绘制的图画。这些外销画册上还有中英文标题，甚至有详细的英文解说，突出了这些画作的外销性质，也更能满足西方顾客对中国瓷器生产和销售过程的好奇与兴趣。这类外销画因描绘瓷器制作过程而变得独特，不仅具有艺术性，也让海外顾客得以窥见中国外销瓷的生产全过程。如今，这些外销画又成为了记录清代外销瓷生产、销售的历史绘画，为我们了解这种早期全球化贸易商品提供了珍贵的文献、图像材料。它们与现今在世界各国发现的大量中国外销瓷共同见证了数百年前中国瓷器作为全球化贸易商品，风靡西方世界的辉煌历程。

《天工开物·瓷器窑》

在东西方瓷器贸易的早期，商人们主要通过陆上丝绸之路，利用骆驼经浩瀚的沙漠和西域绿洲城邦，将瓷器销往中亚、西亚等国。到了唐朝后期，陆上丝路战乱不断，城邦政权更迭，陆上运输极不安全，最终东西方贸易也被阻隔。随着 8 世纪南海海上航路的不断拓展，中国造船技术提升和航海技术的提高，东南地区海路贸易逐渐繁盛，中国瓷器开始通过海路运输大批销往海外市场。

唐代从广州出发，沿东南亚的越南、马来半岛、苏门答腊等国抵达印度、锡兰，再往西直抵阿拉伯半岛的海上航线，在中国历史上被称为"广州通海夷道"，这也是唐代瓷器由广州外销至阿拉伯国家的主要航线。唐朝政府率先在广州设立市舶使，主管海外贸易。这一时期的广州已经成为中国与南海诸国、阿拉伯国家通海贸易的重要港口，每年乘坐帆船到广州经商的阿拉伯商人众多，因此中央政府还专门在广州城西划定专门区域"番坊"，让错过了季候风无法回国的阿拉伯商人居住，称为"住唐"。海外贸易的兴旺带来了巨额的税收，广州因此被誉为"天子南库"，成为国家财政收入的重要来源。经广州出口的商品中，瓷器就是重要的一类，许多外国商人对中国瓷器爱不释手。9世纪穆斯林旅行家、著名的阿拉伯商人苏莱曼在他关于中国和印度的游记中写道："中国人能用陶土做成用品，透明如玻璃，里面加了酒，从外面可以看到。"形象地描绘了中国瓷器令人惊叹的透明度。在便捷的交通网络和市舶贸易体制下，广州成为唐代外销瓷器的主要出口港之一，长沙窑、定窑、邢窑瓷器大批聚集于此，装船出港，远销海外。多年来，广州城市考古工作者在城内的唐代码头遗址中发现了许多著名外销瓷窑口的瓷器碎片，证明当年确实有大量的外销瓷集中到广州，统一装运出海。

宋代结束了五代十国分裂割据的局面，国家一统，经济复兴，商贸繁荣，制瓷业得到迅速发展。这一时期的外销瓷逐渐从奢侈品向日用品发展，出口数量剧增，因此许多窑厂从内陆转向沿海，直接建在港口附近，在广东、福建、浙江等沿海地区，如雨后春笋般涌现了许多外销瓷窑。与此同时，广州、泉州、明州（宁波）等港口成为了各地瓷器集散和转运的集中地，各地生产的外销瓷通过内河运输到这些港口，再集中装运出海到东亚、南海诸国。这种方式一直沿用到明清时期。

16世纪中叶至19世纪初，中国明清政府基本上实行"时开时禁、以禁为主"的海外贸易政策，禁止沿海商人出海贸易，但对广东（广州）实行特殊政策。嘉靖元年（1522），"遂革福建、浙江二市舶司，惟存广东市舶司"。乾隆二十二年（1757），撤销江海关、浙海关和闽海关，规定外国番商"将来只许在广东收泊交易"。因此，自嘉靖元年至道光二十年（1522—1840），广州一直是中国合法对外贸易的第一大港，而且是"印度支那到漳州沿海最大的商业中心。全国水陆两路的大量货物都卸在广州"。因此，全世界各国商人来中国贸易，都聚集到广州进行。1798年（嘉庆三年），瑞典人龙思泰（Anders Ljungstedt）曾记述外国商人来广州做生意的实况：

　　广州的位置和中国的政策，加上其他各种原因，使这座城市成为数额很大的国内外贸易舞台……中华帝国与西方各国之间的全部贸易，都以此地为中心。中国各地的产品，在这里都可以找到……东京、交趾支那、柬埔寨、暹罗、马六甲或马来半岛、东方群岛、印度各港口、欧洲各国、南北美洲各国和太平洋诸岛等地的商品，都被运到这里。

尤其是 1757—1842 年间，清廷关闭江海关和闽海关，广州成为海路通商的唯一口岸，各地外销瓷只能运到广州统一装运出海，广州成为瓷器贸易的唯一出口港。

数量如此巨大的中国瓷器如何安全地被运送到万里之外的异国他乡呢？古代中国瓷器的外销可分为陆路和海路两种方式，陆路运输主要依靠人力或畜力，运载量小，不仅成本高，而且路途长风险大，不适宜运输易碎、厚重的货物，因此大批量的瓷器外销主要依靠海路运输。帆船作为运输工具，首先具有装载量大的优势，据学者研究，一艘普通的中型商船就能装载上万件瓷器。古代帆船在海上航行主要依靠季候风，运输成本低廉，安全性也远高于陆路运输。古代的海上贸易商品中，瓷器重量大价值高，是远洋帆船最理想的压舱货物，从中国回航的外国商船都会购买大量的瓷器放置在船舱最底部，运回国后赚取高额的利润。瓷器顺理成章地成为唐宋以后中国外销商品的大宗货物之一。

唐王朝与东亚、东南亚及阿拉伯半岛许多国家都建立了贸易往来，每年许多大食舶、南海舶、昆仑舶停泊在广州港，以胡椒、香料交换中国的丝绸、瓷器、茶叶。据阿拉伯神话故事《一千零一夜》记载，有一位著名的阿拉伯航海家辛伯达，他建造了一艘商船"苏哈尔号"，从阿拉伯半岛的阿曼苏哈尔出发进行了 7 次远东航行，最后一次成功穿越马六甲海峡，进入南中国海，最终抵达广州，开启了中阿贸易新时期。阿曼位于阿拉伯半岛东南部，在波斯湾入口处，是 8 世纪亚洲与非洲贸易的重要中转站，也是远东与中东海上运输、贸易的停泊港。唐代宰相贾耽记载的"广州通海夷道"，由广州东南海行，经过印度半岛南部，便可来到阿拉伯半岛东南的萨伊瞿和竭国（今阿曼卡拉特）

和没巽国（今阿曼苏哈尔）。竭国是中世纪时期阿曼海岸的大港，位于今天阿曼首都马斯喀特与哈德角之间；没巽国就是苏哈尔，曾经是阿曼首都，至今仍是阿曼湾重要港口。

1200 多年后，阿曼苏丹卡布斯下令按照中世纪阿拉伯商船的结构，建造一艘仿古双桅木帆船，重走当年"苏哈尔号"的航线，从阿曼驶向广州。阿曼人将这次航行称为"辛伯达远航"，目的在于探索和验证《一千零一夜》记载的辛伯达航海故事的真实程度，重温古代阿拉伯与中国人民的传统友谊。1980 年 11 月 23 日，仿古商船从阿曼首都马斯喀特出发，经过 220 天的海上艰辛航行，终于在 1981 年 7 月 11 日抵达目的地广州。这艘远道而来的仿古商船为我们再现了 1200 多年前运送中国瓷器到阿拉伯半岛商船的结构和式样：船身长 87.6 英尺，宽 21 英寸，整船没有使用一颗钉子，只用棕榈绳缚船板、橄榄糖泥缝，不仅坚固而且防水，代表了 8 世纪阿拉伯国家高超的造船水平。船上没有配备导航仪器，也没有机动推进器，仅靠观星定向，趁季风航行了 6000 英里。船上有 20 名船员，完全模仿当年航海者的海上生活，仅以阿拉伯大饼、水果和椰枣充饥，以顽强的毅力完成了这趟航行。1200 多年后仿古商船复航广州，证明了辛伯达航海故事不是神话，中阿贸易历史悠久；更证明了 8 世纪的阿拉伯商船已经具备了远洋航行的技术，可以运载中国货物横渡南中国海和印度洋。

"苏哈尔号"仿古商船船模（广州博物馆供图）

　　宋代的情形又是如何呢？宋王朝逐渐将政权南移，东南沿海的贸易越来越受到重视，海外贸易带来的巨额收入成为中央财政的主要来源，造船业和航海技术得到持续发展。这一时期中国的造船技术突飞猛进，唐代发明的水密隔舱已经被广泛运用于海船，大船内有数个至数十个互不相通的船舱。据史料记载，唐朝天宝年间泉州地区就能制造出有十五个隔舱的海船，可以存放货物三至四万担。1974 年泉州湾后渚港出水的一艘宋代远洋货船残体，其舱位保存完好，已具有极为完善的水密隔舱结构。在 1982 年试掘的泉州法石宋代古船中，同样发现有水密隔舱结构。以上两艘古船的发掘无可辩驳地证明：最迟于宋代，泉州所造海船已普遍采用成熟的水密隔舱结构。

　　水密隔舱的发明对远洋航船极其重要，即使在航行中有一两个舱区破损进水，海水也不会流到其他舱区，船只依然保持相当好的浮力，不致沉没。如果进水太多，船只开始下沉或倾斜，只要抛弃部分货物，减轻载重量，也不至于很快沉入海底，从而争取了宝贵的救援和逃生时间。如果船舶破损不严重，进水不多，只要把进水舱区的货物搬走，尽快修复破损的地方，就可以继续航行；即使进水严重，也可以驶到就近的港口或陆地进行修补。因此，水密隔舱有效提高了船舶的抗沉性能，增加了远航的安全性。其次，船舱分区，可以更好地进行货物装卸和管理，不同的货主可以同时在不同舱区装货和取货，提高了装卸的效率，保障了船上货物的安全管理。与此同时，舱板和船壳板紧密连接，可以加固船体，增加了船舶整体的横向强度，比以往加设肋骨的工艺更简单、有效，缩短了造船周期。水密隔舱是中国古代造船工艺的一项重大发明，明代郑和船队七次远航，宝船上的水密隔舱结构也传到海外各国，并流传到欧洲，直到 18 世纪，西方船只才开始设置水密隔舱。

　　如前所述，宋代以来中国船舶采用水密隔舱，不仅提升了船舶航行的安全性，更提高了货物装卸的效率和空间利用率，为大批量瓷器的运输创造了有利条件。与此同时，宋代以来中国海船对指南针的使用和尾舵操纵术的熟练掌握，使船员们在茫茫大海上航行也可以更为准确地判断方向和操控船舶，在水浅时减少船体附属物的阻力作用，避免船舵触碰船底，在水深时使舵叶延伸至船底之下，降低船尾涡流损耗，增强船体的操纵性能，让船只横向飘移。宋人还掌握了平衡舵的操纵技术，这种舵把一部分舵的面积分布在舵轴之前，缩短了舵面水压中心与舵轴之间的距离，从而缩小了转舵力矩，操作起来更加得心应手，这种平衡舵大多用于内河航行的船只。而这一时期的阿拉伯帆船还在使用侧舵，直到13世纪后期，阿拉伯人的帆船才开始应用尾舵，欧洲人的帆船应用尾舵的时间就更晚了。宋元以来的航海家和科学家还将自己的航海经验、对海岸天象与规律的认识和观察编成有关潮汛、风信、气象的口诀，不断普及推广。古代中国人对造船工艺和航海技术孜孜不倦的探索和创新，提升了船舶的运载能力和航行安全，进一步提高了人们驾驭海洋的能力，促进了海外交通贸易的发展。

在海外交通贸易中，究竟中国外销瓷的数量和规模有多大？我们无法得到确切的统计数据，不过从以下的几组数字，我们可以想象中国外销瓷器之惊人数量：

1984年，迈克·哈彻在南海海域发现"哥德马尔森号"沉船，打捞出23.9万件青花瓷，125块金锭，还有两门刻有荷兰东印度公司缩写字母VOC的青铜铸炮。

1990—1992年，越南海域发现"头顿号"沉船，打捞出景德镇窑、汕头窑、德化窑生产的6万件（套）外销瓷。

1998年9月，在印尼勿里洞岛外海发现"黑石号"沉船。这是一艘罕见的唐代沉船，装载瓷器67000多件，包括长沙窑、越窑、邢窑等外销窑口产品，2005年由新加坡圣淘沙集团以3000万美元整批买下。

　　1999 年，迈克·哈彻在南海找到巨型帆船"泰兴号"以后，毁坏了船上装载的 65 万件瓷器，剩余的 36.5 万件较为精致的瓷器被运往德国拍卖，总交易额高达 2240 万马克，约 1100 多万美元。

　　1987 年，英国海洋探测打捞公司与中国水下考古工作者在广东上川岛海域意外发现了一艘南宋沉船，后被命名为"南海一号"。2001 年、2003 年中国水下考古工作者对沉船进行发掘，2007 年将该船整体打捞出水。据估计，船上遗物总量约 8 万件，打捞出水的瓷器产自江西景德镇窑、浙江龙泉窑和福建德化窑、磁灶窑等。

　　以上列举的只是已发现的一部分沉船资料，截至 2010 年进行的第三次全国文物普查发现，我国水下文物点达 200 余处，其中沉船遗址达 70 余处，主要集中在东海海域。据中国水下考古中心的一项报告，中国南海海域的沉船不少于 2000 艘。沉船的不断被发现与大量中国瓷器被打捞出水，充分说明了自从 8 世纪以来中西海上丝绸之路贸易的繁盛与中国瓷器外销数量的庞大，同时也反映了海上航行并非风平浪静，商船若遇上海上风暴或不幸触礁无法自救，整艘船将无人能幸免于难，货毁人亡。所幸瓷器能抵挡海水的腐蚀，几百年后，这些镌刻着中国印记的宝物又重见天日，为我们解开了尘封已久的历史。

"哥德堡号"货物装运图

瑞典人的餐桌

数万件易碎的瓷器是如何被妥善包装，安放到船上，在波涛汹涌的海上历经数月最终抵达目的地而又完好无损的呢？古人自有一套科学有效的方法。现今可见关于瓷器海运最早的记载源自宋人朱彧的《萍洲可谈》："海舶大者数百人，小者百余人……船舶深阔各数十丈，商人分占贮货，人得数尺许，下以贮货，夜卧其上。货多陶器，大小相套，无少隙地。"

这种"大小相套"节省空间的瓷器装运方式，在"南海一号"沉船上得到了印证，沉船上有绳子捆绑痕迹的瓷器按相同尺寸被分类整齐地码放在一起，有些大罐里面套装着小碗或者小瓶子，充分利用了空间。此外，西沙群岛发现的"华光礁一号"宋代沉船上的瓷器也是按照规格大小整齐地码放在船舱内。直到今天，人们仍习惯把瓷碗相叠，再用绳子捆绑加固的办法来包装。

除此之外，古人还借助外力来加固瓷器包装，使其能够抵御强力撞击。据史料记载，陆路装运瓷器除了大小相套、捆绑搬运，还在出发前把豆麦和一些泥土放进瓷器内，隔数日洒上一些水，保持泥土湿润。经过一些时日，豆麦发芽生长，新芽缠绕着瓷器不断地生长，等于为整捆瓷器加固，人们把整捆瓷器扔到坚硬的地上，毫发无损，这样才安心地将货物搬上马车、牛车或者骆驼上，确保能安全运抵目的地。这种利用豆苗加固瓷器的方法，肯定也会运用到海路运输中。

中国古代的三大外销商品，分别是丝绸、瓷器、茶叶，丝绸是昂贵的商品，重量小，一般存放在货舱的最上层。瓷器和茶叶在运输过程中，也曾被科学地糅合在一起。据学者研究，有些海外贸易商人定制了防潮防虫的樟木箱子，先在箱子里放满茶叶，再把易碎的珍贵瓷器埋在茶叶中，让茶叶发挥了减震抗压作用；再把箱子放进大货箱中，四周用次等茶叶填充紧凑，等于双重抗震，不仅节省了空间，还有效地保护瓷器。

著名的瑞典沉船"哥德堡号"被打捞出水，为我们真实再现了18世纪外国商船运载瓷器的情景。根据"哥德堡号"货物装载示意图，我们可以清楚地看到，成捆成捆的瓷器按照尺寸大小整齐地被码放在船舱的最底部，靠近船体中心的位置，这样可以保证船体在行驶过程中保持平衡，丝绸、茶叶、生姜、香料等体积小、重量轻，必须防水的货物则存放在上层船舱。这也是船员们经过多年的航行，总结出来的经验。

外销瓷的运输与包装，充分体现了外销商品的特性：依靠大型船舶运输，数量大，按类别和尺寸分装，放置在船舱底部，充分考虑长途运输的安全性和便捷性。中国外销瓷就是这样从港口出发，被安全地运送到世界各地，成为人们餐桌上的器皿或陈设品。

纵观中国外销瓷的发展历程，外销瓷的生产和设计始终以海外市场的需求为主导，因而随着海外市场的改变，中国外销瓷的装饰艺术也呈现出不同的风格，异彩纷呈。

8—15 世纪的中国外销瓷及其市场

唐代瓷器的烧造工艺和艺术创作已达到较高水平，著名的"南青北白"指的就是现今浙江绍兴地区越窑生产的青瓷和河北邢台生产的白瓷。越窑青瓷胎质细腻，釉色温润如玉，色泽青中带绿，接近茶青色，以青翠晶莹名闻天下，尤其是被尊为"秘色瓷"的珍品，曾是唐代皇家御用品。唐代"茶圣"陆羽在《茶经》中将越窑生产的茶碗列为唐代诸名窑之首。唐及五代，越窑青瓷曾销往东亚、东南亚及阿拉伯国家，各地已发现的多艘唐宋沉船都曾出水越窑瓷器。邢窑是中国白瓷的发源地，陆羽在《茶经》中比较唐代两大名窑，"邢瓷类银，越瓷类玉"，"邢瓷类雪，越瓷类冰"，可见两大名瓷各执牛耳，工艺极为精湛。邢窑釉色洁白如雪，造型规整精细，线条饱满酣畅，器壁轻薄如云，扣之音脆而妙如方响。因产量大，价格适中，除满足宫廷使用外，畅销海内外，在日本东京、奈良、福冈、熊谷遗址和埃及福塔斯特遗址、阿拉伯半岛东南部的苏哈尔古城遗址、印度尼西亚古城遗址、伊朗内沙布尔古城遗址、伊拉克阿拔斯王朝都市遗址、巴基斯坦布拉·米纳巴古城遗址都发现邢窑产品。

除了这两种单色瓷，在极富创造力的大唐王朝还涌现出中国制瓷历史上第一种彩瓷——今湖南省境内长沙窑烧造的彩瓷。长沙窑产品既供应国内市场，也畅销海外。为

三

外销瓷市场及风格

了满足各种类型顾客的需要，长沙窑产品强化装饰，丰富题材，既有中国风格图案和唐代诗词，也有阿拉伯宗教箴言、伊斯兰图案和印度佛教纹样，凸显中西交融的产品特色，是唐代中外文化交流频繁的有力例证。在瓷器烧造和装饰技法上，长沙窑首创的釉下彩绘处于唐朝领先水平，更引领八九世纪世界瓷器制造的潮流，满足了中国、阿拉伯半岛、东南亚、东亚国家顾客的日常使用和艺术审美需要，外销数量巨大。

宋代制瓷业蓬勃发展，名瓷名窑遍布大半个中国，其中浙江省龙泉窑和越窑、福建省建窑和德化窑、江西省吉州窑和景德镇窑、广州西村窑和沙边窑都是著名的外销瓷窑口，产品各具特色，主要销往东亚、东南亚和西亚地区。在日本、韩国、菲律宾、马来西亚、巴基斯坦、印度、埃及等国的古港口及遗址也发现大量上述外销瓷的标本。

地理大发现以前，中国陶瓷的主要外销市场可以分为两个区域，一个区域是东南亚等伊斯兰化地区及伊朗、波斯等阿拉伯国家。另一个区域便是今天的日本和朝鲜半岛，即东亚地区。元代以前中国外销瓷主要有青釉、白釉、黑釉、酱釉等品种，以刻花、划花、印花、贴花、剔花为主，也有少量使用彩绘装饰纹样。这些外销瓷除了传统的中国式装饰艺术以外，还针对海外市场逐渐形成独特的装饰风格，反映出典型的海外文明影响。例如唐宋元明时期都大量生产的军持（Kendi），就是专门为穆斯林教徒定制的特殊器皿，大量销往东南亚和西亚地区，穆斯林在举行宗教仪式前用军持盛放的水净手。西村窑烧制的刻花或彩绘大盘、龙泉窑的刻花粉盒也是针对东南亚地区和阿拉伯国家的饮食习惯和生活习俗而生产的外销瓷品种，销量庞大。龙泉窑、德化窑的许多器形和装饰纹样仿照当时流行于中亚、西亚的金器、银器，带有明显的异域文化气息。

元代建立的蒙古帝国横跨欧亚大陆，多元文明的交流和技术的融合推动了制瓷技术的革新。中国工匠利用从波斯进口的钴颜料为素白瓷器增添了令人惊艳的蓝色纹饰，青花瓷一经面世就成为畅销的出口商品，尤其受到穆斯林顾客的喜爱。元代外销青花瓷在造型和纹饰上都凸显伊斯兰文化的烙印，尤以军持造型和缠枝纹图案最为典型，还有专为穆斯林社群聚餐而烧制的大口径厚重瓷盘等。如今在土耳其伊斯坦布尔的托普卡皮皇宫珍藏着一批中国青花瓷，这些原属中东贵族所有的珍宝是奥斯曼帝国扩张的时候，土耳其的苏丹从中东人手中抢夺过来的，最早的一件可追溯到 1495 年。透过这些青花瓷可以窥见 500 多年前中国与中东地区的瓷器贸易盛况，青花瓷也成为元代以后外销中亚、西亚等阿拉伯地区的主要中国瓷器品种。

而日本、朝鲜等东亚国家一直与中国保持稳定的邦交和贸易往来，自 8 世纪开始便是中国瓷器的海外市场之一，越窑青瓷、龙泉青瓷一直备受青睐。12 世纪斗茶风气由中国传入日本、朝鲜，茶具自然也以显现茶艺的黑釉瓷为贵，因此 12—15 世纪外销东亚地区的瓷器新增了福建建窑和江西吉州窑的黑釉产品，深受日本、朝鲜人民喜爱，被尊称为天目瓷，奉为国宝。

如上所述，唐代至明代各大外销窑口在努力提升烧造工艺的同时，对外来文化兼收并蓄，形成了各自产品的特色和融汇多种文明的装饰艺术风格，不断推出深受海外市场喜爱的外销瓷品种，凸显了以市场为主导的产品定位。这些外销瓷不仅反映了某一特定历史时期主要外销市场的喜好，也是中外贸易与文化交流的见证。

16 世纪以后面向欧美市场的中国外销瓷

地理大发现以后，随着新航路的开辟，西方航海国家纷纷抵达远东地区，逐渐引发了远东贸易的商业战争。1600 年，英国东印度公司（British East India Company，简称 BEIC）成立，两年后，荷兰东印度

19世纪初广州十三行商馆区玻璃画（广州博物馆供图）

公司（荷文原文为 Verenigde Oostindische Compagnie，简称 VOC）也登上历史舞台。随后，法国、丹麦、瑞典等国纷纷成立东印度公司或负责开拓亚洲贸易的公司，相继派遣船队到亚洲寻找贸易基地和据点。毫无疑问，它们有着共同目的，就是获取当时在欧洲市场极为昂贵的亚洲商品，例如东南亚的各种香料，中国的生丝、茶叶和瓷器。然而面对清朝政府的海禁政策，它们试图打开中国市场的努力数度受挫，只能在东南亚群岛的马尼拉、巴达维亚，日本的长崎以及中国的澳门等地建立殖民地，通过亚洲内部的港脚贸易（the country trade）获取中国商品。

康熙二十四年（1685），清政府指定广州、漳州、宁波、云台为对外通商口岸，设立粤、闽、浙、江四海关，海禁政策一度解禁，欧洲商人纷纷前往广州，并在当地设立商馆。1715 年，英国人首先在广州设立商馆，1728 年法国馆成立，之后荷兰、丹麦、瑞典等国也纷纷设立商馆。乾隆二十二年（1757），清政府仅保留广州一口通商，并特许十三行行商统一经营全国对外贸易。正是设立粤海关之后以及一口通商期间，中国与欧美国家建立了直航通道，东西贸易进入繁盛时期，欧洲国家取代阿拉伯国家和东亚、东南亚地区，成为中国贸易的主要参与者，欧洲和北美也因而成为中国外销商品的主要市场。也就是说，17 世纪末开始，中国外销瓷的主要市场由东南亚与印度洋海域转变为大西洋沿线的欧美国家。

海外市场的变化直接导致了中国外销商品结构和商品生产模式的一系列改变，尽管青花军持、执壶等阿拉伯风格和龙泉青瓷等典型中国风格的外销瓷继续畅销，但是为了适应欧美顾客的需求，原来的外销瓷窑口不断创新求变，新的外销瓷品种开始走俏，陶瓷雕塑就是其中的一个新品种，受到十八九世纪欧洲市场的喜爱。德化白瓷塑享誉欧洲，被尊称为中国白（详见本书第二章），此外还有广东佛山的石湾窑陶塑，造型生动，形象逼真，具有很强的艺术性和观赏性，成为外销陶瓷中的新宠儿。

石湾窑陶塑

石湾窑位于广东省佛山地区，兴起于宋代，是明清时期著名的民窑，以陶塑和建筑陶器闻名海外，产品深受海内外市场喜爱。"景德瓷，石湾陶"的民谚，反映了石湾陶器的地位。一千多年来，石湾窑一直窑火不断，产品贴近生活，物美价廉，深受民间喜爱，远销东南亚各国、阿拉伯半岛及东非沿岸。17 世纪以后，欧洲航海国家历经艰辛，开通了与中国的贸易，荷兰和英国东印度公司在中西陶瓷贸易中先拔头筹，它们通过广州搭建了与中国贸易的关系后，也开始购买石湾窑的产品。在英国伦敦的维多利亚艾伯特博物馆、德意志联邦共和国的艺术和工艺博物馆都有石湾窑藏品。

销往欧洲市场的石湾窑产品以陶塑人物为主，人称"石湾公仔"，造型古雅拙朴，生动传神，将高度写实与适度夸张相结合，重神似而轻形似，重视人物神情、动态、服饰的刻画，强化人物性格特征和思想感情。工匠巧妙地运用陶泥和瓷泥、素胎和色釉、高温和低温、粗犷和纤巧、工笔和意笔、神态和形态、张扬和含蓄多种手法，使作品自然而亲切，人物形象质朴、率真、传神，每一件都成为了独一无二的艺术品，令人回味无穷。

石湾窑洋人抱瓶立像（广州博物馆供图）

看看这件石湾窑洋人抱瓶立像，洋人高鼻梁、深眼窝、大耳朵，头戴褐色礼帽，身披绿色披风，上身着蓝色短衣，下身穿黄色长裤，脚穿高筒长靴。他右脚踏在一只松毛狗身上，手捧一个土褐色瓷瓶，显示出一副威风凛凛、春风得意的样子。这个洋人公仔就是当年漂洋过海，来广东做生意的欧洲客商的真实写照，他仿佛已挑选好自己心爱的中国瓷器，正准备启程返航。石湾窑工匠不仅勾勒出洋人公仔的外貌特征，连他趾高气扬的内心情绪也完全表露出来，可谓生动传神，栩栩如生。

石湾窑的艺术陶塑在十八九世纪的中国外销瓷市场独树一帜，每一件都成为了独一无二的艺术品，以极具中国人文特色和高超陶艺水准的产品占据了欧美市场的一定份额，无法被复制，也无法被取代。

宜兴紫砂陶

宜兴手工紫砂陶是指分布于江苏省宜兴市丁蜀镇的一种民间传统陶制品,该工艺产生于宋元时期,成熟于明代,迄今已有600年以上的历史。明武宗正德年间,宜兴陶匠开始用紫砂制成壶,从此名家辈出,传世精品不断。紫砂壶的主要制作原料是紫砂泥,雅称"富贵土",俗称"天青泥"、"红棕泥"、"底槽青泥"、"大红泥"。在宜兴,只能丁蜀地区范围内的陶土矿中才能找到紫砂泥,它深藏在黄龙山岩层下数百米,在甲泥矿层之间,属于粒土石英云母系,与制瓷原料的特点极为相似,因此单种原料已具有理想的可塑性,泥坯强度高,干燥收缩率小,为多种造型提供了良好的工艺条件。

紫砂制品以紫砂茶壶最为著名,其特点是不夺茶香气又无熟汤气,壶壁吸附茶气,日久使用,空壶里注入沸水也有茶香。因为紫砂陶壶表里不施釉,气孔较大,吸水率高,具有良好的透气性,能较长时间保持茶叶的色香味,推迟茶叶变质发馊的时间,因而成为明清以来国人品茶的首选茶具之一。

中国有句流传广泛的名言:"人间珠宝何足取,宜兴紫砂最要得。"宜兴紫砂陶是集陶瓷工艺和器皿造型、雕塑、绘画、书法、文学、金石艺术于一体的综合性艺术品。作为茶具,泡茶沏以开水时,冬不易冷,夏不炙手,赏用日久,越安放细润,光洁古雅,有"世间茶具称为首"的赞誉。因其产品质量上乘,兼具艺术性与实用性,文化内涵丰富,艺术表达形式千变万化,明清以来宜兴紫砂越出国境,誉满全球。

紫砂陶的外销与中国茶叶的外销及茶文化的传播密切相关。明嘉靖至万历年间,宜兴紫砂技术步入成熟期,以槌片、围圈、打身筒的成型法和泥片镶接成型法,实现了紫砂技艺的飞跃,产品造型更加多变。而这一时期，是欧洲航海国家逐渐打通与中国贸易通道时期，也是中国茶叶进入欧洲市场的关键时期。明神宗万历三十五年（1607），荷兰船队从爪哇抵达澳门，运走中国绿茶，1610年转运到欧洲。从此欧洲人爱上饮茶，茶、咖啡、可可是当时欧洲最流行的三种进口饮料。饮茶之风盛行，中国茶叶源源不断地被输往欧洲各国，贸易额逐年上涨。仅仅过去了30多年，欧洲人就饮茶成瘾，茶已成为最受欢迎的饮料之一。明朝崇祯十年（1637）一月二日，荷兰东印度公司董事会给巴达维亚总督写了一封信，"自从人们渐多饮用茶叶后，余等均望各船能多载中国及日本茶叶运到欧洲"。乾隆年间，茶叶已在对荷兰的商品输出中占据主要地位。此后，英国逐渐取代荷兰，至道光年间，茶叶成为英国从广州运出商品的最大宗，通过英国，茶叶被转运至欧洲其他国家。

茶叶的大量输入，欧洲人饮茶风尚流行，使得中国茶具成为必不可少的饮茶用具。青花瓷茶壶、茶杯成为外销瓷中的重要门类，后来的五彩瓷、粉彩瓷、广彩瓷也不乏茶具精品。而早期出口欧洲的武夷茶属于绿茶，冲泡武夷茶最好的茶具是紫砂壶或潮汕手拉坯壶，这种源自中国的茶文化也随茶叶传入影响了欧洲市场，于是，紫砂壶随洋船走出国门，走向世界。有学者指出，紫砂壶是由葡萄牙人最早带到欧洲的，16世纪开始，宜兴紫砂茶壶就在欧洲声名显赫，被称为boccarro teapot，来自葡萄牙语。

17—18世纪中期，即明代万历、崇祯至清代乾隆年间，是中国茶叶销往荷兰的黄金时期，也是宜兴紫砂壶畅销欧洲的时代。根据荷兰东印度公司的记录，1679年由漳州运抵巴达维亚（今印度尼西亚雅加达）七箱朱泥壶，次年由澳门出口320件花纹朱泥壶。英国东印度公司的记录也提到了1699年由"拿骚号"运抵伦敦82件朱泥壶。就目前所见欧洲所藏的清初紫砂壶而言，多数是中国工匠针对欧洲市场的喜好二次加工的产品，例如壶盖系上镀金链，四周镶上黄金边饰。紫砂壶在明末清初随着茶叶贸易外销欧洲，早期产品以适合冲泡功夫茶的朱泥小壶为主，宜兴作坊也有专门制作外销欧洲的朱泥壶，而且在装饰上已经采用贴花、浮雕、镶金等迎合欧洲审美观念的装饰工艺。清初宜兴紫砂壶名家辈出，时大彬和陈鸣远分别为第一代和第二代名家，时人赋诗云"宫中艳说大彬壶，海外竞求鸣远碟"，可见宜兴紫砂壶已成为当时欧洲顾客追捧的珍品。

除了欧洲市场，晚明以后中国茶叶输入之地，也逐渐成为宜兴紫砂壶的新市场。日本虽早就受中国茶文化影响，但是明末清初日本煎茶道兴起，这种脱胎于中国明代冲泡饮用法的茶道，使紫砂壶成为日本最热门的茶具。尤其是日本江户末年至明治初年（约1800—1900），煎茶道得到广泛普及，成为日本茶文化中的文士茶，并且出现了很多流派，日本人纷纷抢购紫砂壶。在日本，紫砂器被称作 shu-dei，白陶被称作 haku-dei；在日本茶艺人的茶具配置中，如果没有这两种颜色的茶具，就被认为不完备。紫砂壶在日本煎茶道中的重要地位由此可见一斑。日本有一种陶器叫作万古烧，完全仿造宜兴的陶器，但较为轻盈和粗糙。可见，和宜兴紫砂壶传入欧洲并影响欧洲茶具制作的历史一样，紫砂壶同样在日本茶具制造业产生了深远的影响。

清代中后期，东南亚又成为紫砂壶的主要外销市场。东南亚是中西贸易的枢纽和商品中转站，中国外销品在这个地区自然得到广泛传播。明代以后大批华侨下南洋，也带去了中国茶文化和茶具。当时出口东南亚的茶叶主要以青茶为主，如马来西亚、印度尼西亚、越南、缅甸、泰国等地主要消费闽南闽北出产的青茶。这些青茶冲泡主要是以盖碗和紫砂壶或潮汕手拉坯为主。所以，随着茶叶的大量输出，紫砂壶也出口到东南亚地区。近年来从南洋打捞上来的多艘沉船上的文物也证明了这一点。哈彻在新加坡港东南方打捞出水的1752年（乾

隆十七年）沉没的"盖尔德麻森号"（Geldermalson，又称"南京号"），
沉船出水约十件紫砂壶。1822 年（道光二年）1 月在南洋沉没的"泰
兴号"（Teksing）上出水更多紫砂壶，形制多达十种，基本涵括了功
夫茶壶的主要品类，胎质以朱泥为主，偶有少量紫泥。从这些出土
紫砂壶中可以看出，这些砂壶多为南洋华裔需求而制作，为冲泡功夫
茶所用，承袭了福建及潮汕茶俗，必须用宜兴紫砂小壶冲泡，细斟慢
饮，才能保持茶味醇厚。另有出口泰国的磨光壶在清中、晚期非常盛
行。它是将烧好的成品紫砂壶进行打磨、抛光，加工好的作品光可照
人，时称"车光茶壶"，畅销一时。这些外销泰国磨光紫砂壶多为泰
国富裕人家所制，一般为小圆壶、圆筒壶、水平壶，大多在壶嘴、口钮、
盖沿等处镶上金边或其他金属，有的配以金属提梁，作为装饰和保护。
整壶显得珠光宝气、富贵华丽，充满异国情趣。

　　紫砂陶曾是中国特有的手工制造陶土工艺品。随着其产品的外销，
在欧洲引起巨大反响，甚至有多个国家进行仿制。紫砂壶传入欧洲后
成为欧洲茶壶的样板，对欧洲茶具的设计制作产生了深远影响。早在
1667 年（清康熙六年），荷兰代尔夫特已出现仿宜兴壶制品，著名的
陶瓷大师兰伯特斯·克莱夫斯在 1672 年发现了仿制印度瓷器（即宜
兴朱泥壶）的方法，后经过多年研究，制作仿宜兴壶技术已臻炉火纯
青的境界。

　　英国茶具的制造也始于 1672 年前后。据说是富尔罕（Fulham）
一位名叫知威特（John Dwight）的陶工模仿中国宜兴陶的高火红色茶
壶，制造出英国最早的茶壶。英国的茶文化和茶具在整个欧洲都是独
树一帜的。饮茶在英国人的日常生活中占据极其重要的位置，流行这
样一句话，"当下午钟敲四下，世上的一切瞬间为茶停止"。享受下午茶，
已成为英国人每天生活的一个重要内容，没有一天可以省略。如此贵
族风格的下午茶，最初却是在英国乡村兴起的，农妇们为下午劳作的

人们准备茶点小休。这种饮茶文化随着茶叶贸易的浪潮席卷了整个英国，无论贵族还是农妇，都有权利享受这悠闲、惬意的时刻。一套完备的英式下午茶，必须配备陶瓷茶壶、杯具组、糖罐、奶盅、七英寸个人点心盘、点心架、点心盘、放茶渣的小碗。这就是英伦范的饮茶神器。

德国人也加入了仿制宜兴紫砂壶的行列。1709年3月28日的一个纪念仪式中，德国人约翰·弗里德里希·伯特格尔向奥古斯塔斯大帝宣布了六项重要发明，其中包括仿宜兴的"红色瓷器"。在第二年春天的莱比锡博览会中，伯特格尔首次公开展示其伟大发明，当地报章中一段报道说："有以下数类器皿出售，第一类是各式餐具，如壶、茶杯……一些作品泥色呈暗红色及鲜红，有些胎质坚硬而富于光泽，打磨工细，可与宝石相比……第五类是比较便宜的器具，有点像东印度的陶器（即宜兴陶器），独特含蓄的外形却自成一格，看来比较像红蜡而不像泥，而且特别坚固耐用，如果加以修饰及打磨，直可媲美东印度陶器。"欧洲生产的这些茶壶泥质细润，流口、颈上、圆足多喜欢镶铜或镶金纹饰，有的还安装环形铜提梁。因黄铜、黄金光亮夺目，整器色调富丽，若再在壶腹上彩绘飞禽花卉或贴塑人物造型，则形态生动，色式俱佳。这些壶式既有宜兴紫砂壶的特点，又初步具备了欧洲风格，是欧洲茶具史上重要的过渡类型。

如上所述，在茶叶大量销往欧洲、饮茶之风盛行的18世纪初期，宜兴紫砂壶作为茶具随中国饮茶风俗传入了欧洲。荷兰、德国和英国都曾极力仿造中国宜兴的茶壶，并取得了成功。在仿造宜兴紫砂壶的基础上，欧洲人开始研制具有自身特色的茶壶，不断创造出欧式精美茶具，形成了欧式风格的茶文化。

除了原有的外销瓷窑口及其产品，五彩瓷、粉彩瓷、广彩瓷作为外销彩瓷的新生力量，既继承了中国传统的装饰艺术，又大胆创新，融入了欧美绘画技艺、装饰图案和设计风格，形成中西合璧的装饰特点，大量涌入欧美市场。

五彩瓷

中国瓷器有单色瓷、彩瓷两大体系，自唐代长沙窑开创中国彩瓷之后，历代彩瓷工艺推陈出新，异彩纷呈。元青花的问世，将中国彩瓷历史推向了新的高峰。明清两代堪称中国瓷器制造的鼎盛时期，彩瓷又添新品种。而追溯这些极具创造力的艺术品的诞生，还是得从瓷都景德镇说起。

明代中国许多名窑逐渐衰落，北方战乱纷扰，各地身怀技艺的制瓷工匠汇集景德镇。外来人才和当地工匠的融合，迅速地推动了景德镇制瓷技艺的新发展，形成了"工匠来八方，器成天下走"的局面。五彩和粉彩，都是明清时期景德镇工匠研发的釉上彩新品种，既供应国内市场，也畅销海外。《陶雅》记载："康熙硬彩，雍正软彩。"《饮流斋说瓷》进一步解释两者的特点："硬彩者彩色甚浓，釉付其上，微微凸起。软彩者又名粉彩，彩色稍淡，有粉匀之也。"

五彩瓷是成熟于明代的釉上彩绘瓷，因此也称"大明五彩"。所谓釉上彩，就是在烧好的素器釉面上进行彩绘，再入窑经摄氏 600 度至 900 度温度烘烤而成。五彩瓷备受人们青睐的主要原因在于它浓艳明丽的色彩和精美的图案纹样。北宋时期北方著名瓷窑磁州窑所烧造的白底黑彩、白釉红绿彩、白釉绿彩等品种，为明清时期烧造五彩瓷器积累了丰富的经验。五彩瓷以烧制好的白釉器为基础，生料、矾红勾线，只有矾红深浅洗色，其他均以透明色平填；描绘图案纹样后入窑烧烤，经 750 度至 850 度窑火烧烤而成。色料是成就五彩的基本条件，将含有铁、钴、铜、锰、锑等矿物元素着色剂的低温色料巧妙搭配在一起，构成丰富多彩的装饰效果。五彩以红、绿、黄、蓝、

紫为主色，尤以浓重艳丽
的红彩为主，显得热烈而
鲜明，凸显东方色彩的美
学观，给海外市场强烈的
视觉冲击。

明代五彩只用了两三
种色彩，但是色彩搭配得
当，同样精美富丽。而康
熙五彩的最大特点是运用

戴维德捐赠大英博物馆藏清代外销五彩瓷器

了釉上蓝彩和黑彩，形成了红、绿、黄、黑、赭、蓝等多种颜色的搭
配和运用，因此康熙五彩瓷才是真正意义上的五彩。雍正五彩则趋于
淡雅，图案装饰也从繁复变为疏朗，笔意由遒劲趋向纤弱。这是因为
粉彩已成为当时的主流产品，它的制作方法、审美取向均影响了五彩，
雍正五彩在绘制工艺上也结合了粉彩中多层次的技法，从而取得清新
静谧的效果。雍正以后，五彩瓷逐渐被新的彩瓷品种所替代。

五彩瓷的装饰题材广泛而丰富，画面内容无论是一种或数种植物，
还是具有传统宗教以及神话色彩的图案，纹样造型都采取观物取象的
方式，把所要表现的对象形式化、规律化、秩序化，强调其象征意义。
因其色彩丰富，纹饰精美，构图饱满，受到欧洲市场的喜爱。

粉彩瓷

粉彩瓷器是清康熙晚期在五彩瓷基础上，受珐琅彩瓷制作工艺的
影响而创造的一种釉上彩新品种，雍正时技法成熟，至乾隆年间达到
很高的艺术水平。珐琅彩瓷又名瓷胎画珐琅，是盛于雍正、乾隆年间
的专为清代宫廷御用而特制的一种精细彩绘瓷器，其技法是将金属胎
化画珐琅的珐琅彩料运用到瓷胎上，色泽鲜艳明丽，画工精致。粉彩

瓷的彩绘方法借鉴了珐琅彩瓷的工艺技巧，先在高温烧成的白瓷上勾画出图案的轮廓，然后用含砷的玻璃白打底，再将颜料施于这层玻璃白之上，用干净笔轻轻地将颜色依深浅浓淡的不同需要洗开，使花瓣和人物衣服有浓淡明暗之感。由于砷的乳浊化作用，玻璃白有不透明的感觉，与各种色彩相融合后产生粉化作用，红彩变成粉红，绿彩变成淡绿，黄彩变成浅黄，其他颜色也都变成不透明的浅色调，并可控制其加入量的多寡来获得一系列不同深浅浓淡的色调，给人粉润柔和之感，故称为"粉彩"。

粉彩瓷器是景德镇陶工们的一项新的创举，创造性地使用玻璃白作为底色，并将洗染的绘画技法用于瓷器上，实在令人赞叹。所谓玻璃白是不透明的白色乳浊剂，属氧化铅、硅、砷的化合物，利用其乳浊作用，可以使彩绘出现浓淡凹凸的变化，增加了彩绘的表现力，让画面粉润柔和，富于国画风格，因此博得"东方艺术明珠"的美称。

粉彩瓷运用点染与套色的手法，采用的画法既有严整工细刻画微妙的工笔画，又渗入淋漓挥洒、简洁洗练的写意画，还有夸张变形的装饰画风。在表现技法上，从平填进展到明暗的洗染，融汇运用版画、油画以及水彩画技法，精微处，丝毫不爽，豪放处，生动活泼，使所要描绘的对象，无论人物，山水，花卉，鸟虫都显得质感强，明暗清晰，层次分明。粉彩的绘制，一般要经过打

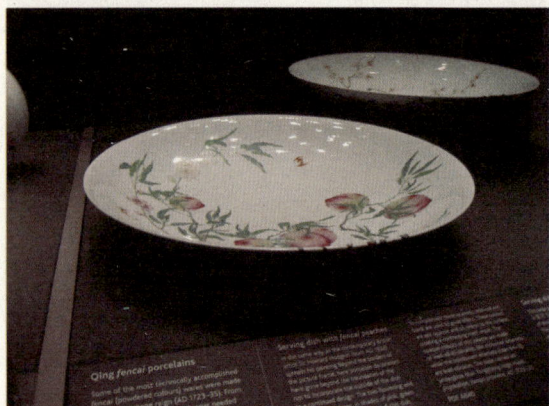

戴维德捐赠大英博物馆藏清粉彩大盘

图，升图，做图，拍图，画线，彩料，填色，洗染等工序。其中从打图到拍图，是一个用墨线起稿，进行创作构思，如绘瓷决定装饰内容与形象构图的阶段。正式绘制时定稿叫"升图"，把描过浓墨的图样从瓷器上拍印下来叫做图。接着把印有墨线的图纸转拍到要正式绘制的瓷胎上去就是拍图，这样就可进行绘瓷。由此可见，工匠们把瓷胎当作画板，每一件瓷器都是一件独一无二的艺术品，难怪西方顾客对之爱不释手。

广彩瓷

广彩是广州地区釉上彩瓷艺术的简称，亦称广东彩、广州织金彩瓷，指广州烧制的织金彩瓷及其采用的低温釉上彩装饰技法，以构图紧密、色彩浓艳、金碧辉煌为特色，犹如万缕金丝织白玉，具有鲜明的地域特色。广彩的生产始于清康熙年间，到乾隆时期形成独特的艺术风格，至今已有300多年的历史。

相对五彩和粉彩而言，广彩是专为外销而生产的釉上彩瓷。刘子芬《竹园陶说》记载："海通之初西商之来中国者先至澳门，后则径越广州，清中叶海舶云集，商务繁盛，欧土重华瓷，我国商人投其所好，乃于景德镇烧造白瓷，运至粤埠另雇工匠，仿照西洋画法加以彩绘，于珠江南岸之河南开炉烘染，制成彩瓷，然后售之西商。"据此可知，广彩是在清代通商口岸广州，因为外销市场的需要而出现的名副其实的外销瓷。当时工匠借鉴从西方传入广州口岸的金胎烧珐琅技法，用进口材料创制出铜胎烧珐琅，又把这种方法用在白瓷胎上，成为著名的珐琅彩，这是广州彩瓷的萌芽。

作为广州彩瓷初期产品的珐琅彩，以其高贵艳丽的特色，备受中外富商贵族的喜爱，欧洲商人带来自己设计的纹样，由中国商人按要求制造，专供出口，即来样定做商品。因广东本地瓷土质量不佳，最初广州商人从景德镇运来白素胎，让工匠们采用江西粉彩技艺仿照西洋彩画的方法加以彩绘，低温二次烧成。在广彩初创阶段的康熙中晚期至雍正早期，无论工匠、颜料、素瓷都是从景德镇而来，或依景德镇彩瓷纹样，或来样加工，岁无定样，因此广彩的特色不太显著，国内流传下来的实物很少，即使有一些也难分辨其品种。后来广彩艺人继承明代彩瓷的艺术特色，吸收西洋画法，绘上具有岭南地方特色的图案，逐渐形成了广彩特有的岭南艺术风格，并将许多图案固定下来，成为广彩的传统花款，例如花篮、龙凤、彩蝶、金鱼、古装人物等。

广彩的出现和发展与广州所处的地理位置、对外贸易息息相关，因此广彩生产最兴盛之时，就是清乾隆至嘉庆年间广州"一口通商"时期，这一时期广彩已形成了自身的风格特色。开光就是广彩瓷器特有的构图形式，又称开窗，即用花边图案描出若干个形状各异的空格，在空格内绘以花卉、风景和人物主题图案，使画面主次分明，衬托绚丽，主题突出。清早期的开光纹饰较简练，雍正时期，有以双线勾勒的菱花形、花瓣圆形等开光形式，窗内画面饱满，窗外多留白地。乾隆时期，开光细腻流畅，形式增多，有菱花形、海棠形、圆形、方形倭角、花瓣形、波浪形或青花锦地纹开光、青花描金卷草纹开光、红黑彩描金锦地开光。有的在瓶壁塑浮雕纹饰，上绘彩饰开光。嘉庆道光以后开光呈多样化，有方形、长方形、花瓣形、方形花角形、奖杯形，多为单独用黑、干大红、金彩等绘单线、双线或锦地纹开光。在开光以外的空白处还绘上各式装饰花纹，但是繁而有序，构图饱满，色彩艳丽，凸显时代特色。

广彩开窗花卉纹啤酒杯（广州博物馆供图）

　　有一首诗形象地总结了广彩的特色："彩笔为针，丹青作线，纵横交织针针见，何须锦缎绣春图，春花飞上银瓷面。"为何把广彩比作织锦呢？原来，随着外销数量的激增，广彩开始仿照中国缎锦纹样作为瓷器装饰，此装饰技法称为织地，后用金水织地，发展为织金地且普遍用于各种瓷器，成为广彩花色的一种基础，形成了近代广彩"织金彩瓷"的特点。除使用乳金作地色，还使用西洋红、鹤春色、茄色、粉绿等特殊颜料，使广彩瓷更加绚丽多彩，织金满地，金碧辉煌，逐渐形成了广彩"堆金积玉"的独特风格。这也就是广州织金彩瓷名称的由来。

　　除了彩绘特征独具一格，主要面向欧美市场的广州彩瓷在造型及装饰上都呈现强烈的中西合璧风格。欣赏装饰类器物较多地保留中国传统式样，此外就是为适应欧美市场而生产的大量实用器皿，例如茶具、咖啡具、啤酒杯、剃须盘、牛油盘、奶油碟、生果篮及卫生洁具等。在主题纹样上，既有传统中国风格的花纹、人物、故事，也大量出现西方事物，如皇室纹章、贵族徽识、城市标志、公司商标、希腊及古罗马的神话传说、基督故事、名画甚至股票买卖等。这类订烧瓷的价钱贵于其他瓷器，但作为社交礼品或家族订制纪念品，深受欧洲人士欢迎。

广彩徽章折枝花卉纹咖啡壶（广州博物馆供图）

　　广彩瓷以鲜明的口岸文化特色，成为十八九世纪外销瓷市场的宠儿。她有着深深的地域和时代烙印，也因其岁无定样，因应市场需要而灵

广彩徽章纹双耳冰酒桶(广州博物馆供图)

活创新，成就了广州虽无优质瓷土也非传统著名窑场，却成为清代中国最大的外销瓷定制和出口市场的历史地位。

由上可见，17世纪以来，青花瓷、五彩瓷、粉彩瓷、广彩瓷各领风骚，绚丽多彩，谱写了一曲彩瓷耀西洋的辉煌篇章。彩瓷绚丽的色泽，繁复的图案，充满故事性、生活性、趣味性的装饰元素，增添了瓷器本身的画面感，与明代以前的单色瓷古朴、典雅的装饰风格迥异，这种风格，与17世纪以后中国外销瓷的主要海外市场——欧美社会的审美标准是一致的。17世纪以来中国外销瓷品种和装饰风格的变化，正是其海外市场改变的必然结果。

四

来样定做

按需制作、来样加工，是中国外销瓷区别于当时国内官窑、民窑瓷器的独特生产方式，也是其长久以来吸引海外市场、具有持久生命力和竞争力的法宝。来样定做的方式，也使外销瓷在设计、生产的过程中就具备了中西方两种文化元素，具有了一般外销商品无法比拟的艺术魅力。

如前所述，唐代以来外销海外的中国瓷器品种繁多，数量惊人，大部分窑口都具有按需制作、来样定做的经营理念和生产能力，如绘有佛教或伊斯兰国家图案的长沙窑产品、为东南亚伊斯兰国家而设计的西村窑贴花大盘、绘有梵文的龙泉窑大盘、绘有外国人物图案或家族徽章的景德镇青花瓷及粉彩瓷、西方宗教人物故事广彩餐具等。外销瓷这种来样定做的特殊生产方式，使其突破了中国传统美术和传统工艺的束缚，海纳百川、兼收并蓄，不仅是一种外销商品，更是一种具有社会史、文化史价值的艺术品。

对于当时中国工匠来样加工的技艺我们是毋庸置疑的，1655年随荷兰使节团抵达广州的画家约翰·纽荷芙（Johannes Nieuhof）曾写下这样的字句，来表达他对中国工匠的钦佩之情："此间人民生性灵巧、刻苦且聪敏，对任何手艺制作一看即能学效。葡萄牙人从欧洲带来式样崭新的金银器物，他们都能勉力在短时间内仿制出来。"

当时来粤西方人士对聚集在广州口岸的中国工匠们高超的技艺、博采众长的创造力留下了深刻印象。据有关资料显示，荷兰东印度公司成立不久，就已向中国订制专门面向欧洲市场、符合欧洲人饮食习惯的瓷器，也订制西方人喜爱的特殊纹样。此后，中国生产了大量模仿欧洲金属、玻璃及陶制器皿形制的西洋生活用具，例如奶壶、大肉盘、盐托、酱汁斗、水果篮、宾治碗、啤酒杯、剃须盘、夜壶、唾壶、烛台、茶具及咖啡具等。事实上，中国工匠对这类依照外国顾客所提供的模型而仿制的瓷器并不陌生。自 14 世纪以来，他们一直也在为中东、西亚及东南亚等地仿制各种特别器物，欧洲市场的需求只是令器型增加了西式的设计和品种。来样定做的瓷器一般都在订货合同上标明器型、尺寸和图案，甚至有时用木头刻出瓷器的造型，或在纸上画好装饰图案，让瓷工照样制作。

17 世纪以后的外销瓷从品种上可分为三类：一类是根据市场需求生产的贸易瓷，数量庞大；一类是馈赠贵宾的礼品瓷，数量较少；最后一类是订烧瓷，按国外顾客提供的器型、纹样、数量定制，供国外的皇室、家族、公司或机构使用，流传有序，至今传世数量较多。订烧瓷就是典型的来样定做产品，款式精美，质量上乘，生产及设计需时较长，又经能工巧匠专门制作，因此在当时的价格就比一般贸易瓷高，留存至今的更具有历史和艺术双重价值，具有较高的收藏价值。

从明万历年开始，外销瓷开始接受西方构图风格和图案元素，出现了一些崭新的构图样式，如克拉克瓷样式，这种瓷器的中间有一个主图案，外圈由多个开光图案组成边饰，主要是中国传统的花鸟、人物、吉祥图案等，后来也出现了具有异国情调的繁密纹饰、郁金香纹样、西方神话、宗教图案和西方人物、社会生活等画面。"克拉克瓷"在 16 世纪末至 17 世纪初风靡欧洲，成为中国外销瓷的最早代名词。

随着中国与欧洲各国直航通道的开通，瓷器成为中国外销欧美市场的大宗商品，高温烧制而成的青花瓷和广彩瓷成为 17—19 世纪最主要和销量最大的外销瓷品种。仅以欧洲航海国家瑞典为例，从 1731 年至 1813 年间瑞典东印度公司共进行了 132 次亚洲航行，除 3 次外，其余都是到广州贸易，并从广州进口了超过 5000 万件中国瓷器。英国、荷兰、美国商人都曾定制了大量的中国瓷器。当各国东印度公司在广州口岸订购大量中国传统日用瓷的同时，英国的私营贸易商人开始向十三行商人订制各种高质量瓷器，仿造欧洲金银器器型或带有特殊纹饰图案的瓷器成为家族纪念品或观赏艺术品。由于中国外销瓷生产技艺的成熟和市场的不断扩大，来样定做产品的范围更为扩大、技艺更为高超。英国东印度公司规定，允许船长、押运员和其他办事员乃至水手进行一定数量的私人买卖，赚取个人利润，他们一般搜寻精致的瓷器，或者指定式样让中国工匠专门烧制。这些特殊定制的瓷器制作需时，工艺要求高，而且不是批量生产而是单独设计、专门烧制，因此定价昂贵。几乎与此同时在广州口岸兴起的外销画行业，又使许多画匠和画工掌握了欧洲的透视技法，并开始使用欧洲进口的许多颜料。这些都为广州口岸接收海外市场来样定做瓷器的订单提供了条件，也凸显了中国外销瓷因应市场需求不断创新的特点。

阳伞系列：西方设计的典范

18 世纪以后，出现了一些著名的西方设计纹样，如今成为外销瓷收藏中的佼佼者，如荷兰东印度公司聘请著名设计师克里斯·普龙克（Cornelis Pronk，1691—1759）设计的阳伞系列。据说阳伞系列并非普龙克最先设计，但是他的设计是最完美的一种，也是这种纹饰的终结者。阳伞瓷的主要画面为两位女士，一位撑着阳伞，一位在伞下逗弄身旁的小动物。由于阳伞瓷属于典型的出口瓷，又是根据欧洲市场的需要专门定制生产的，后来也被称为洋伞瓷。1738 年，荷兰东印度公司将这类订单拿到中国景德镇瓷器工厂，首批共烧造了包括瓷盘、茶叶罐和杜松子酒瓶在内的 1279 件，但是由于中国版阳伞系列烧造过程复杂，既有青花加矾红，也有金边加粉彩，往往需要二次烧造，制作成本高昂，远远高于其他纹样的外销瓷，运回荷兰后只有皇室或富商才能消费，荷兰东印度公司没有再向中国追加订单。

日本阳伞瓷(广州博物馆供图)

尽管欧洲市场不再发出订单，中日两国的工匠并没有停止生产阳伞系列产品，直到1770年，这种纹样的瓷器都在持续生产，并销往南亚、中东地区。中国烧制的阳伞系列有青花、广彩以及青花加矾红、金彩三种彩绘瓷器品种，纹饰、人物和整体布局具有鲜明的中国特色，传递了浓郁的中国风情，堪称中国清朝外销瓷的典范。

日本生产的多为青花阳伞纹样，人物全部身穿和服，青花晕染严重，尤其图案中的草地、云石等面积较大部分，青花发色几乎全部出现晕染，盘面看上去有种不干净的感觉。此外瓷盘边沿勾画的是山水云气纹，而不是荷兰东印度公司来样定做的蜂巢开光，这是日本版与中国版阳伞系列的最大区别。

除了中国和日本，威尼斯的瓷器工厂从18世纪后期至19世纪早期也开始仿造中国样式生产阳伞系列，其特点是人物均为欧洲面孔，头发也都采用黄色处理，一般被称为洋人阳伞瓷。阳伞瓷作为典型的西方设计系列产品，代表了早期销往欧洲的外销瓷中特殊的订烧瓷品种，而中国、日本对阳伞瓷所作的改动，又使阳伞瓷成为东西方文化融合的产物，反映了地域和时代特色，具有珍贵的历史价值。

菲茨休纹样

这种纹样多用于外销青花瓷，由四组花卉环绕中心，花卉上还绘有蝴蝶、蜜蜂等小动物，被称为菲茨休（Fitzhugh）。Fitzhugh一

词源自英国东印度公司的一名
董事托马斯·菲茨休（Thomas
Fitzhugh），他于 1780 年亲自设
计并向中国定制了这种纹样的
青花瓷器。到了 1800 年，不仅
在青花瓷的中心绘制菲茨休图
案，边沿也环绕着类似的石榴花
纹饰，英国纹章瓷专家大卫·霍
华德（David Howard）先生称这
种环状的菲茨休图案为 "True
Fitzhugh"。18 世纪后期抵达广州
口岸的美国商人也喜欢上这种纹
饰，把它绘在青花以外的其他彩
釉瓷器上，例如这件嘉庆至道光
年间的珊瑚红花卉纹盘，受到美
洲顾客的喜爱。

珊瑚红菲茨休纹盘（广州博物馆供图）

青花菲茨休纹章瓷（广州博物馆供图）

菲茨休纹样流行了半个世
纪，许多英国的家族定制徽章瓷
的时候，都用其环绕自己的家族
徽章周围，既突出了位于瓷器中心的徽章纹样，又以菲茨休纹样构成
了整个器物的对称与和谐之美，这也成为了 1760—1820 年间青花徽
章瓷的一个流行款式。如嘉庆年间英国伯宁顿郡约翰·罗伯斯家族定
制的青花徽章纹椭圆形盘，盘中心为其家族徽章纹样，一只绵羊左前
腿把持着一面十字纹的燕尾形旗帜，徽章四周环绕的就是菲茨休图案。

历史事件纪念瓷

在订烧瓷中，有一类特殊的纹样，是以欧美重大历史事件为题材创作的图画，而且许多是直接以欧洲已有的反映这些历史事件的版画或油画为摹本直接在瓷器上绘制的。这类订烧瓷，应该是以康熙年间荷兰东印度公司订制的鹿特丹起义纪念盘为开端。盘子中央描绘了一群人在一排欧洲房子前聚集，其中一个愤怒的人爬上了房顶，大门前有人在绑绳子，有人沿着梯子往上爬，有的在下面用绳子拉，有人抡起大锤砸墙。这个画面描绘的就是1690年8月发生在荷兰鹿特丹的一次事件，史称鹿特丹起义或考斯特曼起义。考斯特曼因拒绝缴纳不合理的货物税，与蛮横无理的税吏发生肢体冲突，导致税吏死亡，考斯特曼被判处斩首。此事激怒了鹿特丹民众，他们发起暴动，推倒了法院大楼，抗议不公正的判决。这次起义在欧洲社会影响很广，荷兰人专门制作了版画和银质的起义纪念章。对比版画和纪念章，我们发现瓷器图案的画工较为粗糙，人物面容模糊，他们的肢体动作也不明显，很显然中国的瓷器工匠并不了解这一历史事件的具体经过，只是参考摹本依葫芦画瓢，却没有办法描绘出人物的精神状态。但是瓷工们在临摹西方绘画的同时，巧妙地加入了中国元素，例如盘子的边饰就是四组中国风格的锦地开光图案，开光内分别画有象征长寿和永久的桃子和灵芝。

18世纪末才来到中国进行贸易的美洲航海国家美国也订烧了一系列历史事件纪念瓷，例如这件广彩美国独立战争人物图茶盘，清道光年间生产。折沿花口大盘有一定的深度，四周环绕折枝花卉，疏朗清新。中央为美国独立战争人物图，画面前方站立着七位在美国独立战争中扮演重要角色的历史人物，均穿着美国军服、长筒靴，正在商议重大事宜。其中处于中心位置穿黑色军服、紫红色长裤的很可能就是时任美国独立战争时期（1775—1783）大陆军总司令的乔治·华盛顿（1732—1799），也就是首任美国总统。人物右后方飘扬着刚开始使用的美国国旗星条旗，正后方是代表美国的展翅飞翔的老鹰，老鹰身体也以红白蓝三色组成的星条旗填充。很显然，这是按照美国客户的要求，按图制作的订烧瓷。这个瓷盘以领导英属北美十三个殖民地反抗英国殖民统治、争取民族独立的七位国家英雄和美国国旗、老鹰组成的中心图案，描绘的是刚刚成立不久的美利坚合众国的重大历史事件美国独立战争，很显然是参照当时美国正流行的描绘独立战争场面的油画而绘制的。据查，美国星条旗的制作者是美国民间女英雄贝特西·罗斯（1752—1836），她得到乔治·华盛顿的邀请专门缝制国旗。星条旗由红白蓝三种颜色组成，为横向长方形，由十三道相等的、红白相间的平行横条贯穿旗面。旗的左上角有一个蓝色长方形，上面均匀分布十三颗白色的五角星，这些五角星和横条都是代表美国争取独立的十三个州。后来，美国的国旗不断发生变化，随着领土的不断扩张，国旗的星条不断增加。1878 年，美国国会就国旗图案通过了一项法案，规定国旗上的红白条纹为十三道，代表最早发动独立战争并取得胜利的十三个州，如果有新的州加入美利坚合众国，就在蓝色长方形上再增加一颗星星。现在美国国旗有五十颗星星，以蓝色为底，排列成行。但是十三块红白相间的长条仍然代表着最初的十三块殖民地，永远不变。

广彩美国独立战争人物图茶盘（广州博物馆供图）

美国独立战争人物油画

　　这一类的订烧瓷无论在当时还是流传至今，都具有重大的历史纪念价值。它们的成功烧制，也成了中西瓷器贸易和文化交流、融合的见证。

欧洲宗教、神话故事主题瓷器

　　16世纪上半叶，欧洲人来到南中国海，努力开拓与中国的通商贸易。当贸易的大门一打开，瓷器就成为欧洲人采购货单上必不可少的大宗商品。为宣传教义，16世纪中叶欧洲传教士就开始在中国订购许多宗教用途的瓷器，开创了外销瓷上出现宗教题材的先河，从此中国外销瓷成为西方油画、版画、金银器制品以外为教会所采用的新兴艺术品。这些宗教用瓷的装饰题材多描绘宗教故事中的人物形象，画样多取材于圣经的插图、版画或欧洲本土艺术绘画描绘的圣经故事、圣徒传、祷告文、圣者言行录、梦幻故事、奇迹故事等，以各种形式歌颂基督的伟大、圣徒的虔诚，用瓷器的艺术手法诠释基督教的教义，潜移默化地影响着人们的行为标准和价值取向。

最先抵达南中国海的是葡萄牙人，他们以澳门为据点打开了中国贸易的大门。葡萄牙人较早定制以基督宗教为主题的瓷器，其中以广东上川岛出土的十字纹青花瓷碎片最具代表性。万历年间风靡欧洲的克拉克瓷也有以圣经故事为题的纹样，如天使、七头龙等，还有耶稣会、圣保禄的英文缩写，以及代表圣奥斯汀会双头鹰的纹样，多为教会订烧瓷。很显然，欧洲人在东方的贸易和传教活动几乎是同步进行的。欧洲人来到澳门不久就开始传播基督教，如今的澳门仍然保留着许多著名的教堂，其中始建于 1586 年的圣奥斯汀教堂是澳门历史最为悠久的教堂之一，最早是用木板和茅草搭建的，见证了中西方文化交流的历史。教会订制了许多宗教用瓷，既可用于东方传教，也可运回西方教堂使用。

清初至清中期，宗教主题瓷器数量大增，顾客范围扩大，除了青花，还有粉彩、墨彩、广彩等各式彩瓷，宗教故事的题材更加丰富。18 世纪初，景德镇生产的宗教题材瓷器中，出现了许多耶稣瓷，最常见的是盘心绘有耶稣被钉在十字架上的图案，十字架两旁侍立着圣母和圣约翰，这种耶稣瓷大部分是以墨彩烧制的。墨彩是釉上彩瓷器品种之一，以黑色为主，兼用矾红、本金等釉料，在瓷器上绘画，经彩绘烘烤而成。浓黑的彩料在似雪的白釉或仿石、豆青、米黄等釉上装饰绘画，既类似中国传统的水墨画，又能模仿欧洲铜版画和蚀刻画的视觉效果，因此受到中西文化的双重接纳，得以普遍使用。如耶稣蒙难盘，盘面以墨彩与金彩为色调，描绘耶稣被钉在十字架上，表情忧郁，备受折磨，瘦弱的基督下身只有裙带遮体。背景为玛利亚、圣约翰及旁观者，前面有四个士兵正在掷骰子。基督教徒认为耶稣在十字架上受害的意义极为重大，表明耶稣担当了人类应当承受的刑罚，世人因此可以免受这种刑罚。他们相信耶稣从中死里复活，十字架也就成为了盼望、战胜死亡和永生的象征，是西方国家使用最为广泛的宗教器物。耶稣瓷的生产和艺术表现上的需要，在很大程度上促进了18世纪初期墨彩瓷的产生与发展。宗教题材多采用墨彩描绘，以墨彩纤细的灰黑线条勾勒图像造型并敷彩，不仅符合宗教氛围，更能再现版画原作的色调，有时加入金彩和矾红彩，增添画面金碧辉煌的视觉效果。

中国外销瓷成为西方宗教文化的载体和宗教传播的媒介，有着深刻的时代背景。一方面，明末清初开始、不断繁盛的中西贸易带来了大批西方传教士，这些神职人员上至皇宫，下隐市井，将西方宗教带入中国，使宗教题材不再陌生；另一方面，欧洲人多信奉天主教、基督教，因此西方市场的大批信众需要订烧宗教题材的瓷器。就这样，中国瓷器艺术与西方宗教文化有机地融合在一起，构成了17—19世纪中国外销瓷中独特的欧洲宗教题材订烧瓷，它们也成为早期欧洲基督教、天主教在华传播的重要媒介，拓宽了中西文化交流的渠道。

除了宗教题材，18世纪下半叶还出现了许多欧洲神话故事题材，如《苏珊娜和长者》、《帕里斯裁判》（仿版画和仿油画不同版本）、《摩西过红海》等。《帕里斯裁判》原作由比利时画家鲁本斯（Peter Paul Rubens）于1632—1635年创作，帆布油画，现存英国国家美术馆。鲁本斯以近乎现实的写实倾向来画帕里斯的古代

鲁本斯绘《帕里斯裁判》

神话，他用自己的妻子海伦·富曼（Helena Fourment）作为美神维纳斯（Venus）的模特儿，背景使用极为常见的风景。牧羊人帕里斯（Paris）旁边靠着树干的是信使之神默丘利（Mercury），帕里斯在三个女神之中评定维纳斯为最美者，并且要送给她金苹果作为奖赏。站在维纳斯右边的女神是天后朱诺（Juno），左边的是正义之神阿西娜（Athena），复仇三女神（Fury）之一的阿勒克图（Alecto）则露面于天空。鲁本斯的

《帕里斯裁判》其他版本油画

油画成为后来许多描绘帕里斯裁判神话故事的范本。

　　广彩瓷器中有不少以帕里斯裁判为题材的订烧瓷，如这件广彩开窗希腊神话图碗，碗外壁两侧对称用折枝花卉纹形成开窗，内绘相同的希腊神话故事帕里斯裁判。根据古希腊著名诗人荷马创作的神话故事《帕里斯裁判》，特洛伊城国王之子帕里斯要在女神赫拉、智慧女神雅典娜和爱神维纳斯之间进行选择，将金苹果给最美丽的女神。维纳斯答应给帕里斯世界上最美丽的女子，因此他选择了维纳斯。后来帕里斯从斯巴达带走美丽的王后海伦，从而引发了特洛伊战争。这是欧洲家喻户晓的神话故事，但是对当时的广彩工匠而言却是非常陌生的。虽然欧洲客户提供了西方画家创作的《帕里斯裁判》故事画稿作为摹本，但中国工匠依然难以分清画面上的人物关系，遑论人物性格特点了。本来故事中应该有帕里斯和三位女神，可是瓷工画出来的却是一左一右两位男性，左侧坐着右侧背面站立，中间两位女性相互对视，似乎正在交谈。四个人物的重点部位都以长袍或丝带稍作遮掩，

人物相貌更接近中国人的五官。最左坐立的应该是帕里斯，他正将放置在左手心的黑色物品递给左起第三的女神，即爱神维纳斯，但是黑色的平面物品并非金苹果，可见中国工匠对希腊神话帕里斯裁判一无所知，只是看图绘画，甚至加入了自己的想象和猜测。对比西方油画，外销瓷的希腊神话故事有了很多改动，尽管如此，这种题材的订烧瓷还是深受欧洲市场喜爱，也许人们并不在乎画面的准确性与画工绘画的艺术性，他们更看重的是欧洲的神话故事经过万里之遥的中国工匠的创作烧制成精美的中国瓷器，再漂洋过海回到欧洲，这是多么神奇美妙的事情。

纹章瓷

在中西方外销瓷贸易中，分私人贸易和公司贸易，公司贸易主要是当时西方各国的东印度公司与中国的贸易，而私人贸易的订单中有很大比重是纹章瓷，即在瓷器上绘制专属某个人、家族、公司、城市、团体的标志。纹章瓷的制作、收藏，给西方纹章的记录提供了一个特别的载体，很多家族的传承演变历史，正是通过纹章瓷得以厘清，而纹章又成为中国纹章瓷在各个不同时期风格特征的断代依据。这类纹章瓷有青花瓷、广彩瓷、粉彩瓷数种风格，以英国订单最多，瑞典、法国、荷兰、葡萄牙等国王室、贵族、富商都曾订烧。工匠们按照客户提供的纹章和边饰图样绘制，多为成套餐具或茶具。因制作需时、图样繁复、质量上乘，纹章瓷又被视为中国外销瓷中的官窑产品，本书第二章将辟专节详细介绍。

十八九世纪欧洲商人在广州口岸订购的大量外销瓷，因为采取来样加工和成套定制的生产和销售模式，使外销瓷装饰艺术呈现独特的口岸特色——在部分保留中国传统装饰艺术的同时，大量吸收欧美绘画技艺、装饰图案和设计风格，形成中西合璧的装饰特点。正如莱顿

广彩开窗希腊神话故事大碗（广州博物馆供图）

大学研究装饰艺术东西交流的教授克里斯蒂安·约尔赫在《荷兰的中国瓷器》一文中所说的，追溯这些模型及图案（尤其是图案）是激动人心，因为它展现了中国艺术家如何在理解西方的风格及艺术惯例的同时加入了自己的艺术特征。从另一个角度说，外销瓷以中国工匠生产的瓷器为载体，记载了西方人不同时期的审美情趣、历史细节、信仰追求、风俗人情，其本身就是中西文化交流的产物。因此这些专门定制的外销瓷与其说是中国外销商品，不如说是中西艺术家合作的结晶，融合了中西方的审美和创造力，不仅仅是单纯的中国制造了。

五

海底之谜

　　帆船是 20 世纪以前瓷器贸易必不可少的运输工具，由于瓷器制造技术的垄断性带来高额利润，一艘满载瓷器的商船顺利靠岸就代表着巨额财富的降临。可惜海上航行充满了各种危险，8 世纪以来，无数追逐财富梦想的船主、水手、商人与海洋搏斗，有许多人幸运地穿越惊涛骇浪到达彼岸，也有不少人带着遗憾和不甘，随着整船的瑰宝沉入漆黑的海底。

　　茫茫的大海，是一个充满了未知和宝藏的领域，埋藏了许多历史的讯息，也是人类正在积极探索与开发的领域。让我们把目光移到海底世界，找寻 8 世纪以来东西瓷器贸易的轨迹。

探索与发现

　　中国南海海域与地中海、加勒比海并称世界"三大沉船坟墓"，这三个海域分别处于中国与东南亚之间，欧亚非三洲之间，南美大陆与安的列斯群岛、中美地峡之间，是陆地之间商贸、文化交流的重要通道，历史上往来商船无数，有不少商船因风暴、触礁、航行失误而在这些海域沉没。中国南海海域，是从中国东南沿海港口出发，至东南亚、南亚、西亚、非洲、欧美国家和地区的必经航道，在此海域发现古代沉船，不足为奇。除了中国南海海域，在广州、香港、澳门、汕头、泉州、福州、宁波、蓬莱等中国历史上最繁忙的贸易港口周围，也可能分布着大量的古代沉船。学术界猜测，宋元时期以来，中国沿海地区约沉没了 10 万艘货船。

　　然而，直接推动中国人走向水下考古的是一个英国人，他的名字叫米歇尔·哈彻（Michael Hatcher）。1985 年，哈彻在南中国海打捞了一艘商船，船上满载着中国清代青花瓷，加上金银物品，数量多达 25 万件。随船体出水了两门青铜铸炮，一门镌刻 VOC 阿姆斯特丹商会字徽，铸于 1702 年；另一门镌刻 VOC 鹿特丹商会字徽，铸于 1705 年。另有一口青铜铸钟，铸有铭文"ME FECITCIPRIANUS CRANS JANSZ ANNO 1747"，而 1747 年正是"盖尔德麻尔森号"建成的年代。一个药瓶上有"F.B."标记，正是此船外科医生 Frederik Berkenhonwar 的缩写。这些出水文物足以让专家们确认，这艘沉船就是著名荷兰商船"盖尔德麻尔森号"。

根据荷兰东印度公司的档案记载，"盖尔德麻尔森号"于 1746 年 10 月始建于荷兰的一个小城市密德尔堡（Middleburg），次年 7 月 10 日建成。此船宽 42 英尺，长 150 英尺，载重 1150 吨。1748 年 8 月 16 日下水首航，1749 年 3 月 31 日初抵达巴达维亚。后来，此船去过日本、中国和印度，从印度西北部的古吉拉特港（Gujarat）经科钦（Cochin）与满剌加驶回广州，与荷兰东印度公司的其他船只会合。1751 年 12 月 18 日船只从广州返航尼德兰，船上共有 112 人，包括一名英国旅客和 16 名英国流亡水手，船长是摩莱尔（Jan Diederik Morel）。船上配备了所需的食物和生活用品，可供应船员们五个月的航行。不幸的是，仅仅航行了 16 天，在 1752 年 1 月 3 日"盖尔德麻尔森号"便遭到灭顶之灾，触上盖尔德里亚的德罗格特暗礁而沉没。只有 32 人幸存，其余 80 人随船一起沉入大海。生还者驾着两只小艇，拼尽全力才在一周以后到达巴达维亚。

230 多年后这艘沉船重见天日，带给世界怎样的轰动呢？按照"无人认领的沉船允许拍卖"的国际公约，哈彻将该船装载的 15 万件清代青花瓷、伊万里瓷、珐琅瓷和金银货物交给克里斯蒂拍卖行（佳士得拍卖行的前身），在荷兰阿姆斯特丹公开拍卖，整个欧洲为之兴奋不已，古董商、收藏家争相喊价，最终哈彻获利达上千万英镑。面对来自故乡的琳琅满目的珍宝和竞争者持续不断的加价，我国派出的陶瓷专家心如刀割却又无能为力，最后只能眼睁睁地看着珍宝落入他人之手。

"盖尔德麻尔森号"的出水瓷器震惊世界，而哈彻的一系列沉船打捞行动更是触痛了中国人的心弦。一艘古代沉船，承载着一段尘封的历史。水下沉船就是浓缩的历史标本，关系着航海史、海外贸易史、港口史、造船史、移民史、国家关系史、宗教史、科技文化交流史，是一笔远远超越经济利益的厚重的文化遗产。而古代贸易沉船运载的瓷器是古代中国伟大的发明创造，在世界物质文明史上占有重要的位置，它曾是中外贸易史上历时久远的重要商品，也曾是中外文明交流最活跃的使者。因此，探索、发现和保护本国海域的古代沉船，已成为责无旁贷的使命与责任。

20世纪80年代末，中国水下考古队应运而生。从1989年国家文物局组织培训第一批水下考古队员起，截至2011年共举办了5期水下考古培训班，培养专业人员近百人。2009年9月，国家文物局依托中国文化遗产研究院成立了国家水下文化遗产保护中心，负责全面组织、协调、规划、实施中国水下文化遗产调查、发掘、研究、保护、利用等工作。国家文物局还在广东阳江、浙江宁波、山东青岛等地建成或正在建设专业化的国家水下文化遗产保护基地。中国的水下文化遗产保护正在从单纯的水下考古发展为全方位的水下文化遗产保护。

近年来，结合第三次全国文物普查，国家文物局组织开展了11个沿海省市近海海域、西沙群岛以及安徽、江西等内陆省份的水下文物普查，同时对西沙群岛华光礁海域、福建平潭海域、浙江宁波小渔山海域、山东青岛海域进行了重点调查，发现水下文物点200余处，确认70余处沉船遗址，为摸清中国水下文化遗产的分布规律和保存现状提供了丰富的第一手资料。在此过程中，一批沉睡数百年的古代贸易商船渐渐浮出水面，详见本书附表一《我国海域已发现的沉船》。这些沉船的分布海域、沉没年代及出水外销瓷类型为我们研究历代中外贸易历史、外销瓷外销路线、外销瓷窑口与出海港的关系提供了极其珍贵的资料。

　　从表一我们可以看出，已发现的沉船大多分布在靠近广州、汕头、泉州、福州、宁波的海域，年代从唐代延续至清代。船上的货物除了产自中国，也有少量其他国家的产品。每艘沉船都装载了不止一个窑口的瓷器，说明这些外销瓷曾经分运到某个贸易港口，再集中装船出海。这些沉船途经的港口和最终目的地，也就是外销瓷的海外市场，囊括了东亚、东南亚、阿拉伯半岛及欧美国家。沉船年代和目的地、船上的瓷器品种，有力地证明了8世纪以来中国外销瓷市场的变化及商品种类的演变。从这个角度而言，古代沉船就是一部活生生的纪录片，为我们再现了中国瓷器外销的历程。出土的每一件物品都体现着某个历史时期一个或多个国家的物质文明与精神文明片段，是见证不同国家之间外销的或舶来的物质与文化的直接证据，像一颗颗发光的珍珠，串起人类文明的长河。循着这些实物标本隐藏的丰富信息，我们可以追寻到更多历史真相，揭秘更多未知的领域。因此，古代贸易沉船的真正价值并不在于其装载的文物的经济价值，而在于历史和人文价值。

　　现在，我们来了解一下，考古人员如何确定可能的沉船地点。据水下考古专业人员介绍，需要四个要素：第一是物证，即已有出水实物，如瓷器、陶器等以及船板、木构件等；第二是人证，当地老百姓口中流传此海域有沉船的说法；第三是当地古代文献中有关于沉船事件的记载；第四是观察环境，看是否位于古航道上或出海口附近，是否属海难事故高发地。

对已经具备了上述四个要素的海域，考古人员将进行水下探测和探摸，这个时候还不能操之过急，因为海底水流瞬息万变，危机重重，需要分三步走：一是邀请当地知情以及具有丰富经验的渔民一同出海，尽可能找准拟探点、探摸对象的大致方位；二是在找到对象的大致方位后，以该点为中心，在其周围进行声呐探测并逐步扩大探测范围，一旦有所发现，就放置浮标定位，记录经纬度和参照物；三是根据探测结果有目标地进行潜水探摸，最后确定沉船船体和范围，才能正式开展水下考古工作。

两艘著名的宋代沉船

"南海一号"是国内发现的第一个沉船遗址，这是一艘南宋时期的木质古沉船，沉没于广东阳江市东平港以南约 20 海里处，也是目前发现的最大的宋代船只。"南海一号"古船是福建泉州特征的尖头船，整艘商船长 30.4 米、宽 9.8 米，船身（不算桅杆）高约 4 米，排水量可达 600 吨，载重近 800 吨。专家从船头位置推测，当时这艘古船从中国某个港口驶出，赴新加坡、印度等东南亚地区或中东地区进行海外贸易。

1987 年 8 月，广州救捞局与英国的海上探险和救捞公司（Maritime Exploration & Recoveries，简称 PLC）在上下川岛海域寻找东印度公司沉船"莱茵堡号"时，没有找到东印度公司的沉船，却意外地发现了深埋在 23 米之下的另一条古代沉船，并打捞出一批珍贵文物。由于发现沉船的海域位于传统的海上贸易航线上，专家认为其历史价值不可估量，将其命名为"川山群岛海域宋元沉船"，后来，中国水下考古事业创始人俞伟超先生正式将其命名为"南海一号"。

"南海一号"的发现和打捞，意味着中国水下考古事业的正式起航。"南海一号"不仅正处在海上贸易航道上，而且已出水瑰宝的数量和种类异常丰富和珍贵，仅瓷器就有宋代福建德化窑、磁州窑、景德镇窑及龙泉窑系的高质量精品，绝大多数文物完好无损，许多器型和纹饰不见于国内市场。根据探测情况估计，整船文物超过 8 万件。对这艘宋代沉船及其遗物的研究，将为宋代中外海上贸易历史的研究提供最有力的实物资料，打开一扇通往这段历史的时空之门。

另外一艘国内已发现的著名宋代沉船，位于西沙群岛的华光礁，因此被称为"华光礁一号"。1998 年中国历史博物馆水下考古工作研究室对遗址进行了试掘，出水文物 1800 余件。2007—2008 年开展抢救性发掘，出水船板 511 块，出水文物近万件。

华光礁原名觅出礁，位于西沙群岛中部靠南，露出水面的礁石围成东西 16 海里、南北 5 海里，水深 20 米的潟湖，渔民称之为"大筐"。环礁背面有一狭窄出水道，南侧有两条开阔水道，可供船只进出避风。华光礁北边的水道极为狭窄，稍大一些的船只无法通行；南边两处水道的水较浅，水道长而蜿蜒曲折。在没有机械动力，仅靠人力与风帆行驶的南行古代帆船，在盛行东北风的南海冬季要想顶风通过南侧狭长曲折的水道进入华光礁避风绝非易事。华光礁一号沉船的地点在礁盘内，靠近礁盘西北部，距礁盘外缘最近处约 50 米，此处礁盘的珊瑚丛高潮时部分露出水面，低潮时隐没于水下。照此推断，"华光礁一号"是在此处触礁沉没的。

"华光礁一号"沉船浅浅地埋藏于珊瑚砂之中，只有木质船体的下部结构残存在水下，未见有任何上层甲板之物，所有文物非常集中。考古人员由此断定，沉船不可能是在礁盘内失事，被风浪吹入浅水区的，也排除是从礁盘内航行到此停泊的可能，应是船只在靠近礁盘盘体处航行，出现驾船或操控失误，船只被巨浪托起抬入礁盘内浅水珊瑚丛中搁浅，造成船体破碎。

这是目前我国在远海海域发现的第一艘古代船体，残存船体覆盖

"华光礁一号"沉船出水瓷器

面积约 180 平方米，船体残长 20 米，宽约 6 米，舷深 3 米～4 米，初步估计该船排水量大于 60 吨。出水文物近万件，据考古学分析大部分来自福建泉州地区（如德化、南安、晋江等）窑址的产品，另有部分为龙泉窑、景德镇窑的产品。以青白瓷居多，青瓷次之，酱褐釉最少；器型主要有碗、盘、碟、盏、瓶、壶、粉盒、罐、钵、军持等；采用刻划、模印、堆贴、雕塑等装饰手法，主要纹饰有荷花、牡丹、菊花、宝相花、缠枝花、折枝花、卷草、乳钉、珍禽、瑞兽、人物以及吉祥文字等。

西沙"华光礁一号"沉船考古发掘报告称，这艘宋代商船应从泉州港出发，船货均为南宋外销瓷，在西沙群岛沉没，说明沉船行驶在向西的海上丝绸之路航线上，前往东南亚甚至更远的地方。船上集合了南宋多个外销窑口的产品，印证了泉州作为宋元时期中国海外交通和贸易的主要集散地，汇集各地货物到此装船、运销海外。出水瓷器几乎都是日用品，并且多是海外市场日常生活所需的碗、碟、盘、罐等饮食、生活器皿，尤其是伊斯兰风格的缠枝花、卷草纹粉盒、执壶、军持等特殊产品。这些外销瓷满足了东南亚等伊斯兰化国家的特殊需求，受到海外市场的普遍喜爱。

这两艘沉船的发现与成功发掘，预示着未来将有更多的海底沉船重见天日，慢慢为我们展开一个个沉寂千百年的谜团！

破译沉船密码

我国第一个水下考古研究机构——中国历史博物馆水下考古学研究室成立于 1986 年，虽然至今中国水下考古只走过了 26 个年头，可是已成功开展了"南海一号"、"碗礁一号"、绥中三道岗元代沉船、"华光礁一号"、"南澳一号"等多艘著名古代沉船的水下打捞和研究工作，成绩斐然。神秘的海洋，与沉船的历史一样，至今尚未完全为人类所知，虽然海洋充满未知的因素，水下考古工作时刻都面临死亡的危险，但是考古人员保护沉船、探究历史的勇气和决心一如既往，从未动摇。

沉船，即是一次海难的印记，失事原因可能是遇上风暴、不幸触礁、受水底异物破坏、遭其他商船或海盗袭击、操纵失误等。然而真相究竟如何，今天我们难以找到答案。面对沉船的遗骸，如何测定船只失事的日期呢？最幸运的莫过于找到船上保存下来的航行日记或者货单，不但能了解货物的主人，还能知道船只航行的路线和船上曾经发生的事情。不过，大部分的纸质记录都难以在深海保存，除此之外，能够提供船只失事年代线索的就是船上的瓷器，无论是完整无缺的器物还是已断裂的碎片，历经数百年甚至上千年，都能保存下来。通过科学手段检测瓷器的制造年代，再结合同类型瓷器的外销历史，可以较为准确地判断沉船失事年代。

除了探究沉船的失事年代，研究人员能做的工作还有很多。当他们发现沉船遗址的时候，有些遗址已经经历了盗捞者的一番洗劫，现场一片狼藉，各种瓷器的残片和残断的船板散乱地堆积在一起。不仅船上的珍宝被一盗而空，许多重要的信息和历史的真相也随着遗址被破坏而永远地消失了，这对人类历史而言是惨痛的损失，不可逆转，无法弥补。而另一类遗址幸运地躲过了洗劫，满舱的精美瓷器口底相接地整齐排列，保持着当初装船时的形状和模样，它们为水下考古工作者复原沉船、展开后续研究提供了珍贵的第一手资料。

据国家博物馆副馆长、中国第一位赴荷兰学习水下考古技术的专业人员张威介绍，水下考古研究人员根据沉船沉积物即沉船上原封未动的大量货物，可以破译其中隐藏的密码，复原沉船的船体结构，每个细节都被细致描摹，所有数据基本精确到厘米。那么，研究人员怎样破译沉船密码呢？

原来，未被破坏的沉船沉积物为研究人员完好地保存了船舱的最初状态，所有货物都是按照船舱内部结构满满摆放的，据此可以推断船只整体构造：货物的总体高度基本上就是船舱的高度，船舱以上的甲板实际宽度应大于沉积物的宽度。沉积物之间留下的间距，很可能就是被海水侵蚀后腐朽的隔舱板遗留下来的空白，据此可推断这艘船的船舱数量。

在中国水下考古队成功打捞的几艘沉船中，位于福建平潭海域的"碗礁一号"沉船是遗址保存最好、最具研究价值的一艘。2005 年水下考古队员发现并原址保护起这艘沉船时，还可以清晰地分辨出船体高高翘起的尾部和 16 个船舱，随之出水的是数不尽的精美瓷器，全部来自江西景德镇窑生产的外销青花瓷品种——克拉克瓷。

根据沉船残骸和已发现的货物，研究人员复原出一艘长 23 米，宽 4 米~5 米，深 2 米左右的木质帆船，可是问题马上出现了：这样一艘中小型木帆船怎么能够驶出马六甲海峡，穿越印度洋的巨浪抵达欧洲呢？中国国家博物馆水下考古研究中心主任赵嘉斌细心地发现，这艘沉船出水的基本都是瓷器，几乎没有任何凝结物，也就是说这艘船没有携带大量铁器，因此不会在水下生锈后与其他货物粘连在一起。根据这一点，赵嘉斌断定这是一艘专门运载外销瓷的短途货船，它的任务就是将这批克拉克瓷运送到东南亚的某个大型贸易港口，再换上大型远洋帆船销往欧洲，不幸的是在福建附近海域就沉没了。

支离破碎的沉船遗址，留给人们一个个未知的历史难题，也带给人们一个又一个解析历史、还原真相的希望，因此水下考古研究人员不惜冒着生命危险，潜入海底，找寻隐藏于海底的一丝一毫信息。沉船遗址保存得越好，受损坏的程度越小，他们获得的信息就越多，离历史的真相就越近。这是人类走向深海、探究海洋秘密的新尝试。在这个过程中，中国外销瓷再次被赋予了不可替代的作用。它们是唯一久历海水和岁月冲刷依然完好如新的沉船货物，提供了窑口、制造年代、纹饰、器型信息，可与文献、档案互证，有助于探究与之相关的外销瓷贸易历史；水下考古研究人员根据沉船上瓷器的排列方位、形状、结构，还可以重组船只沉入海底时的状况，进一步复原沉船船体结构、船只用途和航线，提供各种科学研究的依据。因此，沉船瓷器留给我们的不仅是外销瓷的信息，还有发现沉船历史真相的宝贵线索。

沉船瑰宝

在全球已发现的沉船上，出现了几乎所有中国外销瓷的品种，从唐代至清末，无一遗漏。这些海底珍瓷的重见天日，印证了它们曾经被精心包装，搬运上船，漂洋过海的历史。

已发现的出水瓷器中除了许多我们较为熟悉的品种，还有一些较为罕见的外销瓷，而且除了沉船出水，传世数量较少，不为人们所熟知。这些外销瓷品种的面世，为我们揭秘了一段鲜为人知的历史。

克拉克瓷

20 世纪 80 年代中期，在荷兰的阿姆斯特丹举行了一场题为"晚到了 400 年的中国瓷器来了"的大型拍卖会，拍卖品均是从 16 世纪至 17 世纪初沉船中打捞出来的中国瓷器。其中有一类欧洲人熟悉又喜爱的青花瓷器，在盘、碗的口沿均绘有分格及圆形开光，开光内绘山水、人物、花卉、果实等堆成图案，器物底部粘沙明显、纹饰流畅随意、青花花色偏黑，这类青花瓷被欧洲人称为克拉克瓷。

追溯克拉克瓷名称的由来，就要提到 400 多年前的一次海战。1602 年，荷兰东印度公司在海上捕获了一艘葡萄牙商船"克拉克号"，船上装有大量来自中国的青花瓷器，图案纹样生动活泼，趣味十足。后来这艘葡萄牙商船装载的青花瓷在荷兰的米德堡和阿姆斯特丹公开拍卖，引起了整个欧洲的关注和轰动，东印度公司从中获利 300 多万荷兰盾。但是他们最终也没弄清这批中国瓷器的具体产地，于是以运载这种青花瓷的葡萄牙商船的名字称之为克拉克瓷。从此，克拉克瓷享誉海外，成为了中国外销瓷的一个代名词。

克拉克瓷在欧洲流行的时间大约为 16 世纪至 18 世纪初，即中国明代万历至清康熙时期（1573—1722）。克拉克瓷主要是指青花瓷，装饰图案独特，以开光纹样为主，即在瓷器的某些部分画出边框，并在边框内画山水、人物、花卉。器壁画有 6~16 个长方、圆形、扇形、海棠形开光，内绘杂宝、花卉图案。器物底部则画有花卉草虫、禽鸟动物、山水人物等主题纹样。明朝万历年间初创克拉克瓷，青花图案使用浙料绘成，有翠蓝、灰蓝、淡蓝几种色调，运用分水技法，形成三至四个色阶，为康熙青花的成熟奠定了基础。画师们熟练地运笔，无论勾、点、染皆随心所欲，自然洒脱。凡是勾勒圆圈，皆是用两笔拼凑而成，这也是明末清初瓷画的一个特点。图案工整对称，花卉图案具有欧洲装饰风格。克拉克瓷也曾销往

明万历克拉克瓷（广州博物馆供图）

日本，因盘子边沿所绘开光图案形似一朵盛开的芙蓉而被称为芙蓉手，日本九州岛窑场曾大量仿烧。在中国实行海禁时，欧洲商人无法购买到中国青花瓷，日本生产的仿烧克拉克瓷成为替代品，受到欧洲市场的喜爱。

近年来发现的 1600 年沉没的菲律宾"圣迭戈号"，1613 年葬身于非洲西部圣赫勒拿岛海域的"白狮号"，新近在广东南澳岛发现的"南澳一号"，埃及的福斯塔遗址、日本的关西地区和东南亚海域均发现大量的克拉克瓷。这种盛产于中国的瓷器在国内却罕见收藏，可见这是一种典型的外销青花瓷。考古界根据其工艺、风格、纹饰特点，曾经推测它是明清景德镇或武昌所产的青花瓷，最终经过沉船瓷器与窑口遗址出土瓷片的对比分析，确定克拉克瓷的原产地是福建漳州的平和窑。

克拉克瓷作为中国与欧洲市场瓷器贸易早期的代表性商品，在现今发现的 16—17 世纪贸易沉船中屡见踪影。它以青花瓷的清秀、开光内花鸟植物图案的丰富多变，以及整体装饰风格的生动有趣，一改明代以前中国外销瓷代表窑口龙泉窑、德化窑、景德镇窑较为典雅、端庄的风格，迎合了欧洲市场的趣味，畅销一百多年，并成为欧洲认识中国外销瓷的一种符号，被赋予了独特的文化内涵。而克拉克瓷名称的由来，源自一艘葡萄牙商船的名字，蕴涵了东西方瓷器贸易的一段历史，以及欧洲市场认识中国瓷器的早期过程。从这个角度而言，克拉克瓷作为中国外销瓷的代名词，实至名归！虽然这种瓷器做工不够精细，胎质也不算太好，但是它证明了早在明代后期，中国就与欧洲进行着数量庞大的瓷器贸易，而且中国工匠已经针对欧洲市场生产特殊装饰风格的青花瓷。而在地球另一端的欧洲人，曾经手捧着克拉克瓷，聆听航海家们绘声绘色的故事，想象这个遥远而富庶的东方国度！

巴达维亚瓷

1745 年 1 月 11 日，瑞典东印度公司第二大商船"歌德堡号"装载着 60 万件瓷器，370 吨茶叶和丝绸、香料等货物，从广州经巴达维亚返航，即将回到故乡，用满船的货物赚取巨额利润。这是"歌德堡号"的第三次广州之旅，之前两次完美的航行为它赢得的不仅仅是商业利益，还有无上的荣光，代表着中瑞贸易的成功之旅。可惜，第三次航行在距离目的地歌德堡港口仅仅 900 米处提前结束，船只触礁沉没，岸上等待归航的人群被面前的景象吓呆了，但却无能为力，只能眼睁睁地看着整船的珍宝慢慢沉入海底。

1984 年，沉睡了 239 年的"歌德堡号"被打捞出水。不计其数完好无缺的青花瓷呈现在世人面前，让人惊叹岁月无痕。除了青花瓷，还有一种釉色和器型独特的瓷器，外施酱釉，内壁绘青花，以碗和盘为主，口径较小，非常精致。这种瓷器装饰风格甚为独特，在中国市场非常少见，欧洲人称为巴达维亚瓷。

为何这种瓷器由中国制造，却用外国的港口来命名呢？这与当时中西瓷器贸易的转运直接相关。巴达维亚港即今天的雅加达，又名椰城，是现今印度尼西亚的首都和最大的城市，也是东南亚第一大城市。这个港口位于爪哇岛的西北海岸，地处东南亚群岛海上交通枢纽位置，因此 17—19 世纪曾被荷兰占领，作为其东方商业殖民帝国的中心，向西远至波斯、印度和锡兰，向东延伸至马鲁古香料群岛，向北可直航中国和日本。在荷兰人的开发和经营下，巴达维亚从东南亚群岛之中的一个小港湾蜕变成连接大西洋、印度洋和南海海域的全球化贸易港口，中国的丝织品、瓷器、茶叶、干鲜水果、白棉布，东南亚群岛的胡椒、香料、苏木、锡及其他热带产品和欧洲的货物，都运到巴达维亚进行交换贸易。尤其在 1690—1730 年间，港口密布各国商船，一片繁荣景象。荷兰东印度公司不仅通过巴达维亚将中国瓷器销往欧

"哥德堡号"沉船出水巴达维亚瓷（广州博物馆供图）

洲，也在此地分销瓷器到东南亚各国。当时景德镇生产的这种外施酱釉内绘青花的瓷器也从巴达维亚转运到欧洲各国，欧洲人就将这种瓷器称为巴达维亚瓷。

巴达维亚瓷的特点是器物外施酱釉，内壁绘青花，造型以小碗、小盘为主，精致典雅，西方人多用作咖啡具。外酱釉内青花的装饰手法，主要出现在明朝洪武、天启、崇祯年间以及清朝顺治、康熙、乾隆年间，其中康熙朝最多。外施酱釉的装饰手法主要源自宋代定窑的酱釉品种，俗称紫定，是定窑中的极品，传世稀少。到了明清之际，人们迷恋紫定的完美釉色，于是将古朴的酱釉搭配典雅的青花，在同一件瓷器上融合两种完全不同的釉色和装饰风格，可谓传承中创新，别具特色，成了康熙朝特有的外销品种，受到西方顾客的喜爱。巴达维亚瓷的命名，使其蒙上了外销瓷的神秘面纱，也蕴涵了这一时期中国瓷器经巴达维亚港外销欧洲的独特历史风情。

第二章

外销瓷佳话

　　中国第一彩瓷——唐代长沙窑体现的中西文化融合的元素，也是中国外销瓷最显著的特点。1200多年来，许多著名的外销瓷窑口创烧了独具特色、深受海外市场喜爱的各式产品，本土和域外多元文化在瓷器上交融汇聚，相得益彰。无论是青瓷、白瓷，还是黑瓷、彩瓷，都犹如一个个流动的文化使者，推动了中西文明的不断深入交流融合。天目瓷、雪拉冬、中国白、blue and white、满大人，等等，这些响彻海外的名字，蕴涵着中国外销瓷走向世界的轶事，耐人寻味。

一 湘瓷泛轻花：彩瓷之祖

　　1998年，在印度尼西亚勿里洞岛海域大块黑色大礁石附近发现了一艘阿拉伯沉船，名为"Batu Hitam"，中文意译为"黑石号"。此船装载着经由东南亚运往西亚某个阿拉伯港口的中国货物，仅中国瓷器就达到6.7万多件，包括长沙窑、越窑、邢窑、巩县窑瓷器，还有金银器和铜镜，轰动世界。在6万多件中国瓷器中，长沙窑瓷器就有5万多件，其中一件长沙窑瓷碗上带有唐代宝历二年（826）铭文，结合其他器物考证，沉船的年代被确认为9世纪上半叶，即唐代中期。

　　"黑石号"的发现及船上数以万计中国货物的出水，不仅证实了大唐王朝繁荣的海外贸易，更为我们掀开了中国瓷器历史上最早的彩瓷、唐代畅销的外销瓷器——长沙窑瓷器的神秘面纱。从沉船打捞出水的长沙窑瓷器几乎囊括了全部器型，以碗为主，其次为执壶，还有杯、盘、盂、盒、罐、熏炉、油灯和少量动物瓷塑，证明唐代长沙窑的外销规模空前，产品涉及生活日用品各种器型，深受海外市场喜爱。纹饰既有中国风格图案和唐代诗词，也有具有浓郁域外文化元素的阿拉伯文字宗教箴言和纹样，中西交融的产品特色充分体现了长沙窑作为外销瓷器的市场导向，更是唐代中外文化交流的典型物证。作为中国外销彩瓷的第一个品牌，长沙窑瓷器蕴涵的历史信息已大大超出外销瓷贸易的经济范畴，具有极其深刻的文化传播和交流意义。

瓷器从此告别单一色调

"南青北白"，是中国人创烧出高温瓷器之后，最初阶段的中国瓷器格局：南方以釉色青翠莹润的越窑青瓷独霸一方，北方以"类银类雪"的邢窑白瓷享誉华夏。而后起之秀长沙铜官窑开创的釉下多彩装饰技艺，即在青釉下用褐色或绿色斑点组成几何图案，在白釉或青黄釉下用笔绘云彩和几何纹，或者唐人墨书诗词，一举打破了青瓷白瓷平分秋色的格局，开启了中国瓷器绚烂多彩的彩瓷时代，其后釉下彩、釉上彩、青花加彩、素三彩和色地彩异彩纷呈，充分展现了中国工匠高超的技艺和让人叹为观止的创造力。

长沙窑窑址主要位于湖南省长沙市望城县铜官镇与丁字镇所属石渚之间沿湘江东岸一带的地域，20 世纪 50—60 年代湖南省开展文物普查时发现这片窑址，1988 年 1 月 13 日国务院正式公布该窑址为全国重点文物保护单位，定名长沙铜官窑，俗称长沙窑。就是在这片土地上，在 9 世纪初诞生了中华彩瓷第一窑。唐代湖南籍诗人李群玉（808？—862）曾赋诗《石渚》一首，生动地描绘了 1100 多年前长沙窑瓷器生产的火热繁荣景象：

> 古岸陶为器，高林尽一焚。焰红湘浦口，烟浊洞庭云。
> 迥野煤飞乱，遥空爆响闻。地形穿凿势，恐到祝融坟。

熊熊的窑火，不仅烧造出绚丽的彩瓷，更凝聚了长沙窑工匠的心血结晶。据学者研究，现今可见长沙窑的釉色有青、白、酱、绿、红、蓝、黑七种色彩，烧制出褐、绿、红、蓝四种釉下彩，在 9 世纪初就开启了中国瓷器釉下多彩的绚丽世界。

瓷上绘就诗书画

唐代诗人刘言史《与孟郊洛北野泉上煎茶》诗共有十八句，最后四句为："湘瓷泛轻花，涤尽昏渴神。此游惬醒趣，可以话高人。"诗中提及的"湘瓷"作为两位诗人品茶的茶具，以"泛轻花"的瓷韵平添雅致，令人心旷神怡，神清气爽。这种"泛轻花"的湘瓷就是长沙窑瓷器，刘言史诗意化的描述来自他对长沙窑瓷器的直观感受，与长沙窑彩瓷的技术革新、装饰艺术乃至当时自由奔放的时代背景都是吻合的。

长沙窑的釉下彩首先突破了青瓷的单一青色，开创了中国瓷器的彩瓷时代，而其绘制的各种纹饰更为后世瓷器的装饰艺术奠定了坚实的根基。据目前所见长沙窑的彩绘纹饰有唐代诗词、谚语、花鸟、歌舞百戏、阿拉伯文字、佛教图案等，还有模塑贴花、印花、刻花、堆花等装饰，以其丰富多样的题材和装饰风格满足了海外顾客的不同需要。香港中文大学郑德坤教授在《长沙唐代陶瓷》一文中对长沙窑釉下彩绘给予高度评价：铜官窑最杰出的试验是釉里彩绘。浅釉下施绘各种纹饰、几何图案，布局严谨，花卉鸟兽，姿态生动，篆楷行书，笔调雅意，都是显著的创举，开后世釉里彩绘的先河，为后来的青花、釉里红等著名品种提供了成功范例。

上述长沙窑瓷器的施釉工艺、装饰技艺和彩绘内容，充分体现了这种瓷器创新求变、勇于开拓的风格，以及海纳百川、兼收并蓄的制瓷理念，特别值得一提的是长沙窑上装饰的唐代诗文，不仅保留了唐人墨迹，还是今天我们研究唐代文字和唐人社会生活的珍贵史料，著名的长沙窑研究专家萧湘先生形容其为"唐诗的弃儿"，既有唐诗遗韵又有唐人书法遗风，这是其他瓷器无法比拟的时代特征和独特魅力，留存了一个时代诗歌文化和书法艺术的双重烙印。瓷器成为了文字的载体，还是工匠绘画的画板，诗歌、书法、绘画多种艺术在瓷器上崭露头角，进一步与釉下彩绘结合，推动了后世瓷器装饰艺术的变革与提升，标志着中国瓷器从此进入一个丰富多变的艺术创新阶段。

中西文化共冶一炉

长沙窑产品体现的中西文化融合的元素，是这种新生的彩瓷作为早期外销瓷最显著的特点。华夏文明、印度佛教文明和伊斯兰文明共冶一炉，本土和域外多元文化在长沙窑瓷器上交融汇聚，相得益彰，充分体现了唐代人民包容开放的心态。更为重要的是，这些具有生动图像的产品在本土和域外两个市场都广泛流播，犹如一个个流动的文化使者，推动了中西文明的不断深入交流融合。

作为一种本土产品，长沙窑瓷器上的图案必不可少地反映了中华民族的文明内涵和风俗人情，如腾龙飞凤、凤凰麒麟、孔雀开屏、灵鹊报喜、鸳鸯配对、鱼水之欢等寓意吉祥如意的传统中国纹样，表达了美好的祝愿。此外充分发挥中国文化惯用谐音的传统，用荷叶上坐着的童子，寓意莲生贵子。还用葡萄、椰枣、菠萝、荔枝、棕榈、菩提等有果实的植物图样，寓意有枝有叶、有子有实、多子多福。彩鹿也发挥了谐音，祝愿福禄到来。这些华夏文明的烙印，以充满生活化、图像化的直观表达，既展示了中华民族善良、纯真、美好的精神世界，也传递了博大精深的中国文化。

佛教在唐代得以广泛传播，并日益中国化，这一外来宗教的影响也充分体现在长沙窑产品中。目前已发现的长沙窑瓷器上，有绘制佛像、佛塔、贝叶纹、摩羯图纹、佛经文字，也有蕴涵佛教文化的各式香炉、狮形镇纸、狮形烛台、狮形枕等。狮子在佛教文化中有独特含义。据汉代史书记载，东汉章帝元和四年（87），西域安息国王向汉朝进贡了一对狮子，这是中国最早有关于狮子的记载，当时汉章帝把它视为吉祥、勇敢的象征。狮子是与佛教同时传入我国的，佛教的发祥地印度自古就有敬畏狮子的习俗。传说，释伽出生时"一手指天，一手指地，作狮子吼"，人皆以为"佛为人中狮子"。文殊菩萨的坐骑就是一头凶猛的狮子，代表了智慧与威猛。佛教经文中，狮子更是代表了"法力"。狮子进入中土之后，逐渐被中国化，从凶猛的动物成为了形象可亲的瑞兽，既是一种寓意吉祥的动物，又发展成为歌舞、杂戏表演的一种，如狮子舞，不断丰富中国特色的狮子文化。长沙窑烧制的狮子造型产品，既有实用性，也有佛教文化内涵，在本土和域外同时流通，既向中国民众传播了佛教文化，也将佛教中国化的产物传播到海外市场。

除了佛教文化元素以外，长沙窑瓷器上还有伊斯兰教、摩尼教经文或中亚、西亚地区图案或人物形象，如用阿拉伯文书写"真主真伟大"字样，源自萨珊波斯文化的联珠纹、胡旋舞、卷发男子图等。这些域外文化元素的频繁使用，说明长沙窑充分吸收了外来文明，也是其作为外销瓷实行产品来样制作的例证。

如前所述，长沙窑有吸引多元域外文化的魅力，更有传播本土文化的能力，正是这两种力量的结合，使长沙窑畅销海内外，文化影响力双向互进。长沙窑是大唐盛世的产物，充分体现了唐朝文化融汇东西、海纳百川的精髓和唐人兼收并蓄、大胆创新的精神。

别具一格的瓷塑产品

长沙窑瓷器兴起于唐代晚期。面对国内越窑、邢窑等胎质细腻、釉色通透的高端瓷器，长沙窑扬长避短，独辟蹊径，创造性地生产出大量兼具艺术性与实用性的产品，瓷塑就是其特有的代表性产品之一。长沙窑生产的儿童雕塑玩具和文房用品多为动物造型，写实传神，栩栩如生，实用性强，符合大众审美，成功地在唐代众多窑口中独树一帜，产品深受海内外市场喜爱。

瓷塑玩具是长沙窑独一无二的产品，也标志着这个外销窑口始终走着一条人无我有、物美价廉的生产销售路线。这些玩具体量很小，长宽高均只有几厘米，形象有小鸟、小猪、小狗、小猴、小羊、小龟、小马、小象等，但都是精心塑造，栩栩如生。很显然，这些玩具的销售对象就是儿童，这是当时其他外销瓷几乎都没有顾及的巨大顾客群体。活灵活现的瓷塑动物，神态惹人怜爱，象征着活力十足的生命，尤其是这些玩具具有的写实与实用并存、艺术与生活相结合的产品优势，充分体现了这种产品的人文关怀，为长沙窑开辟了一个潜力无限的市场。

让我们来了解一下，这些瓷塑玩具为一千多年前的儿童提供了什么娱乐活动。按玩具的功能分，大致有六类：第一类是整器中空，腹部有三孔，用于吹出声音的"吹吹叫"玩具，考古学名称为哨或埙。这不是严格意义上的乐器，只是供孩童在玩耍时模仿各种动物声音。用不同造型的动物瓷塑吹奏时空气产生的振动频率不同，发出的音调也不一样。第二类整器为实体，体积比"吹吹叫"玩具更小，名为"猜猜乐"。两个孩童一人将玩具握于手中，另一人猜为何物。第三类多为小狗和小鸟造型，脊背上有一个圆环，可用彩线系上，孩童紧抓线头快速转动，此游戏名为"转转飞"。第四类不是动物俑，而是瓷塑小孩，有汉人也有胡人小孩，一般都有圆饼底座，随意将其排成堆，可用现在人们熟知的"排排坐吃果果"来命名这种游戏。第五类是摆设观赏类玩具，以骑马或其他动物为主，有考古报告称这是一种镇纸，也有学者认为这属于"摆摆看"少儿玩具。最后一类被称为"蹦蹦跳"和"叮当响"玩具，主要造型为猴、蛙和滚铃。小朋友们可以模仿动物弹跳和翻跟斗，或者跟着滚铃跑动。长沙窑烧制的这些玩具，犹如唐代儿童玩具大聚会，为我们了解唐代儿童的娱乐生活提供了珍贵的资料，也显示了那个时代极富趣味、注重日常情调的社会气象。

长沙窑动物瓷塑（广州博物馆供图）

市场的宠儿

东起中国绵长海岸线上分布的众多港口城市南至南沙群岛，西至西安、重庆，北至石家庄、济南的国内十多个省市自治区都发现长沙窑产品。往东从东南亚地区及日本、朝鲜半岛，往南再往西到东南亚、南亚、西亚及非洲各地的海外市场，都有长沙窑遗存，说明唐代长沙窑瓷器既畅销国内，又远销海外，是一种灵活多变、市场导向明晰、适应性强的产品。

日本东京大学名誉教授三上次男认为，长沙窑的产品符合大部分亚洲人们的爱好，具有迷人的魅力，在当时也就具有了国际性的魅力。长沙窑生产的碗、盘、壶、罐等，适于亚洲各民族的日用饮食器皿，物美价廉。长沙窑的釉下彩绘瓷器代表了当时中国瓷器烧造的最新品种，色彩艳丽多变，装饰新颖且具艺术性，既有中国文化底蕴，又融合了佛教、伊斯兰文化的装饰风格，自然一经推出就受到国际市场的喜爱。

二

宋代斗茶神器天目瓷

在日本东京国立博物馆，有两件奇特的中国宋代瓷器，被视为国宝。一件名为南宋建窑禾目天目盏，造型古朴质拙，釉色乌黑如漆，盏内外壁都施相同的黑釉，釉有垂流现象，釉层较厚，口沿里外有黄褐色细毛条状放射花纹。另一件名为南宋吉州窑梅花天目盏，墨黑的底色上散发着雨点般的花纹，还有十余朵小梅花均匀点缀其上，设计极为独特。这两件茶具都源自宋代中国，均为黑釉盏，被日本博物馆界奉为镇馆之宝，极少拿出来展示。它们是来自中国哪里的瓷器？又为何如此珍贵呢？

天目瓷，英文译名为 Temmoku。据文献记载，12—13世纪有不少日本僧人到浙江杭州天目山佛寺学习佛法，他们归国时从天目山带回福建建窑生产的黑釉茶碗，这种茶碗因而被命名为天目瓷。当时与中国一水之隔的日本正流行中国茶道，饮茶之风盛行，天目瓷作为宋代斗茶的最佳茶具，立即受到日本社会的追捧，视若珍宝。天目瓷以釉色著称，最初特指宋代建安、吉州等地瓷器上的一种黑褐色或黑褐底色上呈现条状或斑点花纹的色釉，图案变幻莫测，令人称奇，与当时常见的中国青瓷、白瓷风格迥异。宋代生产的天目釉品种繁多，以油滴、兔毫、星盏、黑定盏、鹧鸪斑、玳瑁、黄天目奉为上品，后来日本陶瓷界学者把中国生产的黑釉瓷器都统称为天目瓷。

宋代黑釉盏之谜

从东汉开始，中国人就懂得在陶瓷上施黑釉，到了唐代工艺有所发展，宋代达到高峰，宋代名窑河北定窑、福建建窑和江西吉州窑都是黑釉盏著名产地。制造黑釉器的

建窑兔毫盏（广州博物馆供图）

原料，无论是胎料还是釉料，铁含量都很高，而且这种原料资源非常丰富，随处可以找到，这也是黑釉瓷获得蓬勃发展的原因之一。

宋代黑釉器最著名的产地是今天福建建阳县水吉镇的建窑。建窑始烧于唐代，又被称之为乌泥窑，位于福建省建瓯的水吉镇，后来其窑址移至建阳，黑建的发展与兴起就是在迁至建阳以后。当时以生产青瓷为主，兼烧黑釉瓷、青白瓷，兴于宋代而衰于元末明初。在建窑天目釉中，以曜变天目、油滴和兔毫最为著名。天目釉属于铁系结晶釉，其着色剂因 Fe_2O_3 和 TiO_2 的含量较高，并含有 P_2O_5 及液相分离现象，在超高温下出现各种形态的结晶，使得器物烧成后有凝重浑厚、黑中泛青的特殊风格，产生非人工所能描绘的奇异效果，神妙而又深邃，给人以无穷的想象空间。而且大部分能产生结晶的结晶釉，结晶度并不大，如果太大，就不会出现斑点、兔毫的变化，只是一片结晶，变得呆板无趣了。工匠们利用多种多样的控制手法，使结晶釉成为铁系色釉中装饰手段最丰富的一种高温釉，充分体现了劳动人民的聪明才智和无穷创造力。

建窑黑釉器在宋代异军突起，备受青睐的另外一个重要原因，就是宋代社会盛行的饮茶和斗茶风尚。依据蔡襄《茶录》等茶书的记载，宋代斗茶实行点茶法，点茶注汤虽不超过盏的四至六分，但在点茶注汤、回旋击拂时，势必产生一种离心力，使茶汤外溢，漫出盏外，破坏茶面。为了解决这个问题，建窑黑釉茶碗碗口都有一道凸边，使注水时不易渗露，并作为接唇线以便饮用。建窑茶盏在口沿内壁以下约一厘米左右之处，内收一隅，形成一道较宽的凸边，这正是为了适应宋代斗茶风俗而特别设计的。而黑色的茶盏正好突出茶汤的颜色，便于欣赏点茶注汤的功力高下，建窑黑釉盏可谓时代的产物。

建窑黑釉器的生产工艺精湛，影响颇为深远。宋代闽北和闽东的大批瓷窑纷纷仿烧建窑风格的黑釉瓷器。它的影响还远及江西、四川、浙江、山西等地，吉州窑就是其中之一。吉州窑黑釉瓷器的烧造，是从早期的单色黑釉及黑釉装饰开始的，后来逐渐发展到各种窑变色釉的装饰，其中以木叶纹、剪纸贴花、兔毫盏、鹧鸪斑、玳瑁斑等最为出色。吉州窑的黑釉制作，在掌握氧化亚铁的结晶和硅酸类釉药的变化以及火候、温度和冷却时间等方面，都超越了建窑。吉州窑黑釉配方独特，钙为主要助熔剂，钾和钠含量低，镁、磷和锰元素偏高，因而其釉高温黏度大，流动性小。建窑釉色黑而厚，其流淌至碗底时，凝重如钧窑之浮肿或蜡泪状；而吉州窑的釉色偏红偏褐，也有纯黑的釉色。建窑的窑变是碗口脱釉，逐渐向碗底集中，内外一样；而吉州窑黑釉，外部仿玳瑁斑纹样，窑变状态较弱，内部窑变变化较大。吉州窑的纹饰变化万千，其中最具特色的有剪纸纹样、笔绘图案纹样、洒彩纹样和剔花纹样等，使其成为宋代与建窑齐名的黑釉瓷产地。

吉州窑还创烧了洒釉器。洒釉是在坯体上先施一种釉，然后在其上洒散另一种色彩的釉料，彩釉在底釉上发生各种变化的图案。吉州窑洒釉器主要是在黑色底釉上洒散黄、白

吉州窑（广州博物馆供图）

73

色彩釉，通过洒、浇、淌、滴、点等手法，彩斑幻影，出神入化，新品不断，极大地丰富了黑釉瓷器。有的洒釉形状无定，宛如抽象图画，幻化出各种物景。有的则与动物斑纹近似，如浇洒的黄褐斑片釉，与玳瑁壳一样多彩，名为玳瑁釉，如果斑片呈条状直布，似虎皮纹艳丽，称为虎皮斑。点状黏稠的乳白彩釉，形成边缘规整的圆点，谓之油滴。大小比较一致的银白色斑点，边沿细丝流动，成为别具一格的鹧鸪斑。若盏面釉彩向底部流动晶体析出，形成丝丝银针，参差不齐，颇似兔毫，则成兔毫纹。瓷器居然变成了调色板，但是最神奇的还是火候，掌握合适的火候才能成功烧出精品。由于在不同温度下会产生不同的结晶，正所谓失之毫厘，谬以千里，洒釉器在烧造过程中极易发生变化，因此成品不多，精品更少。

宋人斗茶与茶具

从商周开始，中国人就开始种茶、饮茶，茶成为了中国人的传统饮料，世代享用3000多年。历代饮茶风气不尽相同，但是爱茶、品茶之俗亘古不变。唐代陆羽所著《茶经》，是中国乃至世界现存最早、最完整、最全面介绍茶文化的第一部专著，被誉为"茶叶百科全书"。此书是一部关于茶叶生产的历史、源流、现状、生产技术以及饮茶技艺、茶道原理的综合性论著，是一部划时代的茶学专著。它不仅是一部精辟的农学著作，又是一本阐述茶文化的论著。它将普通茶事升格为一种美妙的文化艺能，推动了中国茶文化的发展。

据考证，中国人饮茶是从生吃咀嚼鲜叶开始的，后来以生叶煮饮，是比较原始的煮茶方法。唐宋时代通行煮茶，方法是先把茶叶碾成碎末，制成茶团，饮用时把茶捣碎，加入葱、姜、橘子皮、薄荷、枣和盐等调料一起煎煮。还有把茶叶碾成碎末，罗细，然后冲水将茶末调成糊状喝下，因而叫作"吃茶"。

自陆羽《茶经》面世以后，喝茶便成为文人雅士文化品位的体现，被赋予了中华礼仪和修养，煮茶法的推广又掀起了饮茶新风尚，在开放活跃的唐代丰富了上至皇室贵族、下至黎民百姓的生活。唐皇宫每年四月举办盛大的"清明茶宴"，皇族与群臣共享新茶。1987年法门寺地宫出土的十三件金银茶器，制作于唐咸通九年至十二年（868—871），上有"文思院造"字样，文思院正是唐代专门制造金银犀玉巧工之物的宫廷手工工场，表明这些茶器是专门为宫廷制作的大唐宫廷用具，当年放入地宫作为唐朝皇室的供奉器皿。而在南方产茶地区，逐渐发展起一套选茶、洗茶、烹茶、饮茶的礼仪程序，又相应地发展起各式各样的品茶器具，类似于酒具分为铜质、木质、漆质、陶质、瓷质，茶具也有各种不同质材，但还是以瓷器为首选。

宋代社会经济得到长足发展，堪称中国历史上最富庶的时代，市民生活更是丰富多彩。上至朝廷皇室、文武百官，下至市井工商、黎民百姓，都嗜好饮茶，茶坊、茶肆、茶楼随处可见，并且形成了一套有关饮茶的礼仪，出现了不少茶艺著作。如宋徽宗赵佶将其观茶饮茶心得撰写成专著，名为《大观茶论》，记载了当时全国茶叶的出产情况、品位特点，也谈到了烹茶、饮茶的种种规矩。他经常在宫中设茶宴，招待群臣喝茶，其中《延福宫曲宴记》描写了皇上邀群臣共饮茶的情景："上命近侍取茶具，亲手注汤击拂，稍顷白乳浮盏面，如疏星淡月，顾诸臣曰：此自布茶，饮毕皆顿首谢"。

茶宴之风盛行，逐渐演变为斗茶，顾名思义，就是互相比赛茶叶的优劣、茶水的好坏、茶具的良莠、品位的高低等等。斗茶之风起源于各产茶地区年年向朝廷进献贡茶，各地都说自己出产的茶最好，于是就在朝廷上比试起来。范仲淹有《斗茶歌》说："北苑将期献天子，林下雄毫先斗美。"苏轼对此也有描述："武夷溪边粟粒芽，前丁后蔡相宠加。争新买宠各出意，今年斗品充官茶。"古语云："上有所好，下必甚焉。"由此而引发的宋代市井民间,"天下之士励志清白,竞为闲暇修家之玩,莫不碎玉锵金,啜英咀华。较筐匣之精,争鉴裁之别"(《大观茶论》)。南宋画家刘松年、元初画家赵孟頫都有《斗茶图》传世,双方主仆怒目挺胸,争执之状跃然纸上,极为传神。

斗茶又称茗战,是以竞赛来品评茶质优劣的一种风俗,技巧性强,趣味性浓,是宋代一种修身养性、怡情乐趣的生活时尚,"上自官府,下至闾里,莫之或废"。斗茶时,半发酵的茶碾成细末放入盏内,沏以初沸的开水,水面泛起一层白色泡沫,以茶汤颜色和汤花水痕取胜。斗茶就是要看浮沫和击拂的情形,而浮沫是白色的,在黑釉茶碗里看得最清楚,所以斗茶者都提倡使用黑釉茶具,促成了江西、福建民间黑釉瓷的兴盛。黑釉茶盏便于观察茶色汤花,品其色、香、形、味。宋徽宗《大观茶论·盏》说"盏色贵青黑,玉毫条达者上,取其焕发茶采色也。底必差深而微宽。底深则茶直,易以取乳;宽则运筅旋缕,不碍击拂。然须度茶之多少,用盏之小大。盏高茶少,则掩蔽茶色;茶多盏小,则受汤不尽。盏惟热,则茶发立耐久",详细解说了茶盏对观茶、品茶的重要影响。

福建北部的建州(今建阳市)、南建州(今建瓯市),地处武夷山区,是当时全国重要的茶叶生产基地,作为茶具的建窑黑釉天目瓷,也备受恩宠,成了进贡宫廷御前伴驾的贡器。在今日所见建窑黑釉器中,可以见到不少器皿的底部刻有"供御"、"进盏"等字样,说明就是进贡朝廷的御器。建窑在烧制过程中釉面呈现兔毫条纹、鹧鸪斑点、日曜斑点,一旦茶汤入盏,能放射出五彩纷呈的点点光辉,增加了斗茶的艺术性和观赏性。此外,来自吉州窑的黑釉茶盏,不仅样式繁多,釉色纯正,莹润柔美,器形适中;盏的敛口可防止茶汁溢出;口沿下内收一圈的束口,或是内沿增厚成一道凸圈,皆可在斗试茶中起着注汤标尺的作用;宽底深盏易于斗茶时形成如米粥样的汤花,实在是斗茶神器。到了明代初年，废团茶而代之以散茶，冲泡散茶的瀹饮法代替了碾末而饮的点茶法，斗茶之风也渐趋消失，曾经盛行一时的黑釉盏，也就慢慢地退出了历史舞台。

销往东亚的黑釉盏

宋代是中国封建社会空前发展的时期，瓷业生产也出现了前所未有的繁荣景象，瓷窑分布于全国各地，生产规模极其庞大，名窑辈出。白瓷与青瓷烧造工艺在前代的基础上，大胆创新，北方地区涌现出定窑系、耀州窑系、钧窑系和磁州窑系；南方地区则以龙泉青瓷系和景德镇青白瓷系为首，千姿百态，各领风骚。此外，黑釉瓷异军突起，创造了前无古人的传世佳品。

如前所述，宋代建窑、吉州窑是黑釉瓷的最著名产地，并且以黑釉盏为其代表产品。这种黑釉盏迎合了宋代饮茶风尚，受到上至皇室贵族，下至黎民百姓的喜爱，风靡全国。与此同时，随着陶瓷贸易的发展，黑釉瓷也成为宋代外销瓷的主要品种之一，远销海外。在日本、朝鲜和东南亚的马来半岛、菲律宾、印度尼西亚等地都发现建窑、吉州窑的各种黑釉瓷产品，在朝鲜新安海域打捞的元代沉船亦有不少吉州窑瓷器。

作为中国邻国的日本，对黑釉瓷尤其钟爱，这与当时中国饮茶习俗的传入有直接关联。唐代中期，遣唐僧最澄和空海携带茶籽、茶叶返回日本。1191年，僧人荣西从浙江带茶籽回到日本，在背振山（今福冈县）开始种植茶树。1211年，荣西撰写了《吃茶养生记》上下两卷，系统地将中国饮茶习俗和冲泡茶叶、斗茶方法介绍给日本，从此饮茶之风席卷上至天皇下至民众，荣西也被尊奉为日本的"茶祖"。在这种社会背景下，天目瓷一传入日本，即被视为珍品，后世更奉为国宝。根据釉色和产地的不同，天目茶碗在日本又被分成十几种，最著名的

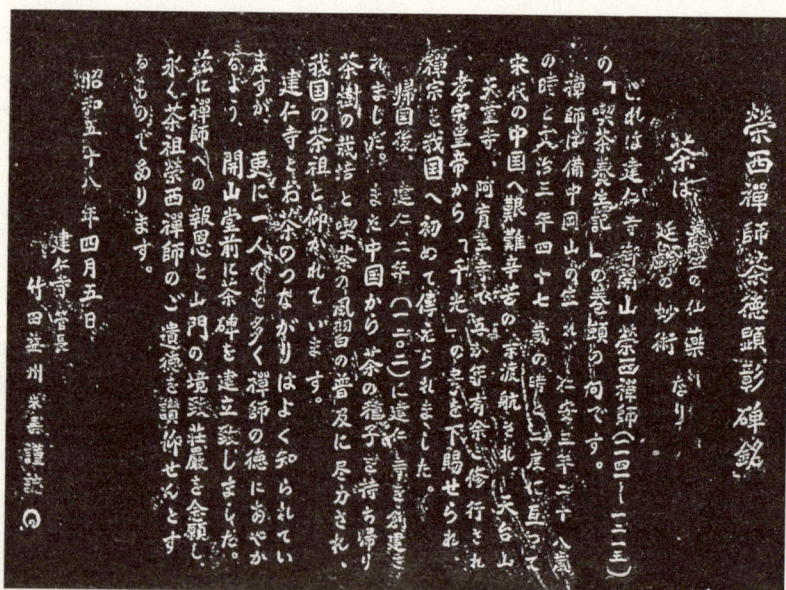

日本建仁寺《荣西禅师茶德显彰碑铭》

是曜变、油滴和兔毫。以油滴为例，它在窑中采用还原焰约 1300 度烧成，这种持续 70 个小时（三天三夜）的烧成时间，由 1300 度高温冷却到 1000 度大约需要二十个小时，如果窑内的火候掌控恰当就可以形成美丽的油滴纹和曜变纹。在这样的窑室气氛中，三氧化二铁结晶随着气泡上升并滞留在釉层表面，形成了美丽而神秘的油滴釉。当然，这种温度的操作和时间掌控难度极高，如果窑温过高或冷却过快，釉水如漆成黑釉，无斑无毫；如温度过低或室内还原气温不当则釉水退为杂色釉。在古代无机器控制全靠人工的条件下，烧制几十万个黑碗中出现油滴和曜变纹的数量极少，这就是为什么油滴、曜变、鹧鸪斑等瓷品被奉为稀世之珍的缘故。

岁月流转，时代更替。时至今日，存世的顶级天目盏屈指可数，曜变天目碗传世仅四件，分别为日本东京静嘉堂文库美术馆、大阪藤田美术馆和京都龙光院收藏，其中三件被列为国宝级文物，而以静嘉堂文库美术馆收藏的最为精美，被国际陶艺界公认为天下第一名碗。甚至有人说，一件曜变天目碗就承载了整个宋代文化，得以近距离凝神欣赏它，让人不禁为之沉醉、痴迷。

天目茶碗在日本深受茶道界的青睐，需求量很大，而大量进口又浪费财力，因此日本国内很早就开始仿制黑釉盏，主要产地在濑户。许多陶艺工匠将烧制天目瓷视为毕生奋斗目标，废寝忘食只为超越古人，但是直到1976年才由日本学者安藤坚研制出他们最珍爱的曜变天目。

宋代黑釉瓷传入日本、韩国，不仅丰富了中国外销瓷的品种、拓宽了海外市场，更弘扬了中国博大精深的制瓷技艺，将以"习禅饮茶，明心见性"为精髓的宋代茶道一并传入东亚，成为推动中外文化交流的茶文化使者。

三

雪拉冬的东方神韵

青瓷是中国古代瓷器的主要品种，唐代越窑，宋代龙泉窑、官窑、汝窑、耀州窑等都属于青瓷窑系。中国青瓷瓷质细腻，线条明快流畅、造型端庄浑朴、色泽纯净，被世人誉为"青如玉，明如镜，声如磬"，更被视为瓷中之宝，珍奇名贵。唐代诗人陆龟蒙以"九秋风露越窑开，夺得千峰翠色来"的名句赞誉浙江越窑青瓷之美，其出产的秘色瓷更是大唐皇室的御用品，臣庶不得享用也无缘得见。将中国青瓷艺术推向巅峰的是南宋的浙江龙泉青瓷，其中的白胎和朱砂胎青瓷釉层丰润，釉色青碧，光泽柔和，晶莹滋润，胜似翡翠，以梅子青、粉青、豆青等釉色最为珍贵。当这些独具东方神韵的艺术珍品传入西方社会时，掀起了一股浓厚的中国风。

雪拉冬的由来

雪拉冬是法文 Celadon 的中文译名，源自法国著名舞剧《牧羊女亚司泰来》中男主人公的名字。16 世纪晚期，随着中西方贸易航道的开通，中国风吹袭欧洲，法国也不例外，尤其推崇来自东方的独特艺术品。据说当时有一个阿拉伯商人从中国购买了一批龙泉青瓷来到巴黎，正好遇上巴黎市长在官邸为女儿举行婚礼，巴黎的达官贵人、名流淑女都聚集在此举行宴会，舞台上演着舞剧《牧羊女亚司泰来》。阿拉伯商人带了一件龙泉梅子青瓷向市长、新娘、新郎道喜，市长见瓷器通体流青滴翠，玲珑剔透，啧啧称奇："美极了！美极了！美得无与伦比！"新娘问阿拉伯商人这件宝物来自何方，答曰："东方的古国中国。"但他却忘记了这件瓷器的名字。正当市长与贵宾们讨论该为这件东方瑰宝取个什么名字时，舞台上传来优美的情歌，只见雪拉冬与他的情人牧羊女亚司泰来随着歌声跳起了舞，雪拉冬身上那件碧青华丽的衣裳，与巴黎市长手中的龙泉青瓷色泽极为相近，市长灵感乍现，他把青瓷高高举起，大声嚷道："雪拉冬，中国的雪拉冬！"从此，龙泉窑梅子青瓷就以雪拉冬的美名享誉欧洲。法国女性最为推崇雪拉冬颜色的衣服，一度将之视为潮流时尚。

青瓷之美

　　龙泉窑属南方青瓷系，创烧于北宋早期，极盛于南宋，衰于明代中期，中断于清初，是中国陶瓷史上烧制年代最长、窑址分布最广、产品质量最高、生产规模和外销范围最大的青瓷名窑龙泉窑，宋代在今浙江省龙泉县境内，有大窑、金村、溪口等48处之多；元代发展更大（在浙南的瓯江和松溪两岸已发现大量窑址），窑址多达200多处。据史料记载，在宋元时期，"瓯江两岸，瓷窑林立，烟火相望，江中运瓷船只往来如织"。龙泉窑址如此之广，传世龙泉瓷器之众，是任何一个窑都无法比拟的。

　　宋代的龙泉青瓷有两种，分别为哥窑的黑胎青瓷和弟窑的白胎青瓷。哥窑与官、汝、定、钧等窑并称为宋代五大名窑，釉面有网状开片，或重叠犹如冰裂纹，或成细密小开片，以金丝铁线最为典型。弟窑器则以无纹者为贵，粉青釉为最佳。雪拉冬即出自龙泉弟窑的白胎青瓷。

　　龙泉窑在北宋时已初具规模，南宋中晚期进入鼎盛时期，制瓷技艺登峰造极，其中梅子青、粉青釉达到了中国青瓷釉色的最高境界。南宋末年，龙泉窑进入鼎盛时期，粉青和梅子青的烧制成功，巧夺天工，在我国瓷器史上留下了光辉的一页。粉青、梅子青是公认的青瓷釉色的巅峰，它不仅意味着龙泉窑制瓷技术水平的提高，其本身也包含了更丰富的审美意蕴。南宋龙泉窑很多器皿的新造型都是传承古代青铜器演变而来的，如尊式瓶、鼎式炉等。人们在审视这些玲珑隽秀的南宋龙泉窑青瓷时不免要发出惊叹，它们身上带有太多官窑器的影子。官窑作为一种垄断性制品，绝对不允许民间仿制，龙泉青瓷与官窑器的相似恰好说明它受到了官窑器的影响。虽然现在尚未找到南宋龙泉设立官窑的明确记载，但种种迹象表明，当时的宫廷很可能派遣了技术人员和官僚在龙泉等地监制贡器。

龙泉瓷器在形制上大量仿古铜器或同时期金银器的细部，如琮式瓶、鬲式炉、瓿式瓶、贯耳壶、凤耳瓶、盘口长颈瓶、双鱼洗等，造型古朴大方，釉色似翠如玉，深受国内外人士的喜爱。龙泉窑的生命力，在于优美的形制和翠玉质感的釉色见称。梅子青与粉青，是龙泉瓷釉中最美之色，同被誉为"青瓷釉色与质地之美的顶峰"，多为仿古铜器和玉器造型的古雅之品。梅子青釉的烧成温度比粉青釉要高，釉的玻化程度也比粉青釉高。梅子青釉的釉层略带透明，釉面光泽亦较强，釉色浓翠莹润，如青梅色泽。古人云："如蔚蓝落日之天，远山晚翠；湛碧平湖之水，浅草初春。"釉色犹如自然之色，有天地之大美。"雨过天青云破处，梅子流酸泛青时"，更是描绘梅子青精妙釉色的神来之笔。

龙泉窑的青瓷技艺推动了各地瓷窑的发展，从南宋至明代，福建、广东沿海和江西一带的瓷窑纷纷烧造出类似龙泉青瓷的产品，从整体上提升了我国青瓷制品的水平。

龙泉窑的外销

龙泉窑青瓷色泽葱翠欲滴，光润如玉，宋元时期就大量出口。龙泉青瓷在宋元时达到高峰，明代生产规模不减，但质量下降，至清代逐渐衰落，晚清后曾一度停烧，仅有少数窑口从事仿古生产。

龙泉窑瓷在北宋时就开始对外输出至菲律宾、马来西亚、日本等

第二章｜外销瓷佳话

国，皆有考古发现为证。南宋中期白胎厚釉的高档青瓷烧制成功后，作为珍贵的礼品或日用瓷，外销数量迅速上升，海外市场进一步拓展。南宋时期龙泉青瓷的制作达到登峰造极的地步，其釉色追求一种青碧玉般的质感和艺术效果。随着龙泉青瓷的外销，这种制瓷术影响了东亚、东南亚等地的制瓷业发展。10世纪后传入朝鲜，对高丽青瓷的研制产生了重要影响。日本人称之为砧青瓷，并大量仿造。元朝建立了横跨亚洲、东欧的大帝国，海外贸易达到前所未有的繁荣程度，龙泉瓷作为主要外销产品之一，通过宁波、温州、丽水等港口大量销往印度、斯里兰卡、泰国、越南等数十个国家。为了适应蒙古贵族和外国的生活习俗，元代以后的外销龙泉青瓷风格明显带有了异域风格，器型变得高大浑厚，喜好花纹装饰。有许多大盘口径都在四五十厘米，花瓶、碗、钵的尺寸也增大，并且器物上开始出现梵文、阿拉伯文谚语或伊斯兰风格的纹饰。大盘的大量生产是为了适应与中亚、西亚、东南亚穆斯林用大盘子盛菜盛饭、围桌而坐分食的饮食习惯，大型器物和长身瓶、杯的设计显然也是受了伊斯兰文化的影响，可见龙泉窑的器型变化也是因应了海外市场的需要。

此前在日本、韩国、越南等许多东亚、东南亚国家都曾

戴维德捐赠大英博物馆藏外销龙泉瓷精品

83

挖掘龙泉窑瓷器，1984 年发现的韩国新安沉船，装载着一万多件元代中国文物，其中 60% 是龙泉窑产品。南宋古船"南海一号"出水的大量龙泉青瓷精品，再次证明南宋时期龙泉窑的兴盛，以及当时龙泉青瓷外销的规模庞大。可见龙泉青瓷受到世界各国的普遍喜爱，出口量惊人。

16 世纪末，龙泉青瓷刚传入欧洲，备受青睐，身价不菲。萨克森国王奥古斯特二世不惜重金购买龙泉青瓷，还为珍藏瓷器特地建造了一座宫殿。雪拉冬的美誉和中国风物的流行，引发了欧洲人对中国瓷器持续不断的追捧，随后传入欧洲的白瓷、青花瓷、广彩瓷延续了这股中国风的魅力。多年来世界各地陆续发现了许多古代龙泉青瓷，世界众多博物馆都收藏龙泉青瓷，将其视为珍品，列入世界工艺美术之林。

四
中国白及其西方传人

曾有研究者指出，中国陶瓷雕塑有史以来形成三大艺术成就：秦兵马俑、唐三彩和明清德化瓷塑，秦兵马俑高大写实，唐三彩艳丽写意，明清德化瓷塑则是精细传神。德化白瓷可谓中国陶瓷史、雕塑史上的代表性艺术品种，宋元时期的马可波罗瓷是德化白瓷的发展期，明清时期的中国白是德化白瓷的成熟期。德化瓷不仅是中国制瓷业鼎盛时期的代表作之一，更在外销过程中以其精湛的工艺、传神的瓷塑以及独特中国文化对西方社会产生了极其深远的影响，把神奇的火与土的艺术植入欧洲大陆，让悠久的东方制瓷艺术焕发出无限的生机。

享誉海外的中国白

从秦汉延续至清代的海上丝绸之路上，最享誉盛名的中国外销商品是丝、瓷、茶，其中又以瓷器数量最多、传播最广、延续时间最长。中国外销瓷精品迭出，长沙窑、吉州窑、建阳窑、龙泉窑、西村窑、景德镇窑、广彩瓷都曾各领风骚，在不同时期分别对东南亚、东亚、南亚、非洲、欧洲产生不同的影响。其中德化白瓷被欧洲人誉为"欧洲白瓷之母"，对欧洲社会具有极其深远的影响，其地位无可替代。

德化窑位于福建中部德化县，唐宋时开始烧制青白瓷，制瓷技术精湛。考古及传世资料表明，德化窑在宋代已研制、生产出白瓷，元代白瓷观音已很成熟并成为朝廷贡品，目前国内外尚有少量遗存。到了明代中叶，德化窑创烧出一种胎釉都晶莹温润的白器，其胎质细密，俗称糯米胎；其釉剔透光滑，白中微泛黄，温润如玉，具有极佳的透光

外销英国的德化白瓷观音

性，俗称猪油白、鹅绒白、象牙白。明代德化白瓷多出产观赏把玩的器物，以瓷塑最为著名。《天工开物》记载："德化窑，惟以烧造瓷仙精巧人物玩器，不适实用。"德化白瓷所塑人物造型优美、神态逼真、性格鲜明，具有一种单纯的雕塑美，更凸显原材料的质地美。其中白瓷佛像是德化窑的代表之作，白瓷观音像有坐像、立像，洁白无瑕、温润如玉，充分展现了观音大士超凡脱俗、慈悲为怀的慈悲气韵，具有强烈的宗教感召力，带给信众力量、信赖和希望。这些佛像在海内外市场都大受欢迎，日本及东南亚佛教国家对它格外喜爱。而欧洲的基督教信徒更将观音像视为圣母玛利亚，同样供奉在家，对着塑像祈祷。

德化白瓷以其得天独厚的瓷土资源、白瓷优质的品性以及独树一帜的逼真瓷塑，一经面世即受到国内外市场的追捧，更被誉为中国白瓷的巅峰之作，成为外销瓷的新宠儿。著名旅行家马可·波罗对德化瓷最早传入欧洲功不可没。今天西方人通用英文单词 porcelain 指代瓷器，而 porcelain 这个词在亚里士多德时代是贝壳的意思。据说马可·波罗在元代曾经造访云南省的大理市和福建省的德化县，看到精美的德化白瓷呈半透明状，宛如他在大理所见的贝壳般洁白，以为是贝壳磨粉所造，于是就叫它贝壳瓷，用 porcelain 来命名中国瓷器。由于马可·波罗在德化考察时的命名，数百年来 porcelain 已经成为瓷器的通用英文单词。

1290年年底马可·波罗到德化考察，他在游记中记述了在德化窑的见闻："刺桐城（泉州）附近有一别城，名称迪云州（德），制造碗及瓷器，既多且美。这种瓷器的制作工艺程序如下：他们从地下挖取一种泥土，将它垒成一个大堆，任凭风吹、雨打、日晒，从不翻动，历时三四十年。泥土经过这种处理，质地变得更加纯化精炼，适合制造上述各种器皿，然后抹上认为颜色合宜的釉，再将瓷器放入窑内或炉里烧制而成。因此，人们挖泥堆土，目的是替自己的儿孙贮备制造瓷器的材料而已，大量的瓷器是在城中出售，一个威尼斯银币能买到八个瓷杯。"

马可·波罗这段描述瓷器制作工艺的文字成为后来欧洲各国探寻制瓷技术的宝典，在欧洲社会影响甚广。现存威尼斯圣马可宝物陈列所的马可·波罗罐是目前有文献可证最早由马可·波罗带回欧洲的中国瓷器。因德化瓷是马可·波罗首先介绍并带回欧洲，故意大利学者将其命名为马可·波罗瓷。

马可·波罗对德化白瓷的介绍，引起了欧洲社会的强烈兴趣与好奇。元代德化瓷的外销，已经在海外建立了一个广泛的市场。明代以后德化白瓷真正进入欧洲市场，被欧洲人认识并深入接触后，他们赋予其更具特性的美名 blanc de chine，中文译为中国白，这是法国人普拉德在《1692年巴黎通讯地址实用手册》一书中对明末清初德化白瓷的命名。法国人认为这是"中国瓷器之上品"，对其赞誉有加。整个欧洲社会都对德化白瓷着迷不已，争相抢购。

元德化白瓷盘（牛津大学艺术与人类学博物馆）

欧洲白瓷的诞生

明代末期以后，德化窑开始大量生产各类观音像、佛道人物塑像以及非宗教人物像，远销海外各地。正是由于德化白瓷的洁白、光亮、高透光度，以及《马可·波罗游记》在欧洲的广泛传播，欧洲人从此踏上了长达数百年仿制中国瓷器的历程。

欧洲最早学习制瓷的国家是马可·波罗的家乡意大利，1470年意大利人从《马可·波罗游记》中学习并钻研德化制瓷方法，生产出梅迪契瓷器，实际上只是低温烧成的陶器。1708年，德国化学家柏特格历经数年的努力，钻研出瓷器是瓷土所制作，并第一次成功烧制出欧洲真正意义上的硬质瓷器。1710年6月6日，迈森皇家瓷厂在德国德累斯顿正式建立。1725年，法国的尚第里和门尼西瓷厂成立。在德国的引领下，当时不少欧洲皇家瓷器工厂都纷纷模仿生产德化白瓷。法国的圣科得、查得密瓷器工厂，英国切尔西工厂都纷纷仿制。以德化白瓷为原型，欧洲创立了欧洲白瓷和欧洲瓷塑两大系统，并不断发展创新，形成了各国不同的风格和特色，在世界制瓷史上画上了绚丽的一笔。

德国迈森是欧洲各国仿制德化白瓷最成功的瓷厂，以出产白色瓷器和瓷制塑像著称，迈森小镇因而被欧洲人称为"白色黄金"之乡。他们曾仿制德化的弥勒佛，著名工艺家柏特格也用红色黏土复制了

高14英寸的德化瓷送子观音。经过三个多世纪的发展，迈森的陶瓷种类已经多达23万种，其中许多作品具有很高的艺术价值。其出产的白瓷高贵典雅，精美绝伦，品质优良，受到欧洲王室和贵族的喜爱，至今还是欧洲瓷器高端品牌，为欧洲白瓷工艺发展作出了不可磨灭的贡献。

迈森瓷盘

经久不衰的中国白

在欧洲，巴黎的吉美博物馆、伦敦的大英博物馆、阿姆斯特丹的国立博物馆、莫斯科的东方艺术博物馆等世界大型博物馆都珍藏着数以百计被冠名中国白的德化白瓷，其中德国的德累斯顿国立美术馆在1721年就藏有1255件中国白的瓷器，成为德国仿制中国瓷器的主要样本。除了各大博物馆外，私人收藏也颇具规模。

德化白瓷代表中国白瓷的最高水平，以外销商品畅销欧洲。它更被誉为"欧洲白瓷之母"，引发了欧洲人对白瓷烧造技术的不懈探索，成为推动欧洲制瓷工艺发展的最强劲动力。欧洲人从17世纪就开始研究德化白瓷，并逐步形成了一门独特的研究学科——中国白，这是其他外销的中国瓷器无法比拟的尊贵荣耀。1610年出版的《葡萄牙王国记述》一书中记载："这种（德化）瓷瓶是人们所发明的最美丽的东西，看起来要比所有金、银或水晶瓶更为可爱。"早在1850年，英国人在贝尔法斯特市出版研究德化白瓷印章的专著《关于爱尔兰发现的中国印章》，这是欧洲研究中国白的第一本著作。

真正将德化白瓷作为专题研究的时代是20世纪60年代，居住在英国的爱尔兰人唐纳利花了六年时间于1969年完成《中国白》一书，这是目前所能见到中外文献中最早以德化白瓷为研究专题的单行本著作，是国内外学者推崇备至且引用广泛的经典之作，堪称欧洲研究德化白瓷的百科全书。此后，欧美学者连续推出了数十本中国白研究专著，将德化白瓷作为中外文化交流的一个重要课题来进行系统研究，包括德化白瓷的外销历史、存世状况、加彩配件、模仿研制等。

今日，中国白已成为一个世界范围的课题，而porcelain也不仅仅指代中国瓷器，这些专有名词的诞生与演变生动地记录反映了世界文明和中西陶瓷技艺的不断融合与发展！

五 blue and white 永恒的中国色

中国是世界上最先发明制瓷技术的国家，在长达一千多年的制瓷历史长河中，出现了许多闻名于世的瓷器品种，各种釉色营造了炫目的色彩，釉上彩和釉下彩技术更丰富了瓷器最终呈现的艺术效果。如果要从中选取一个最能代表中国，对外部世界影响最深、范围最广的品种，无疑就是青花瓷。

blue and white porcelain，这是中国以外的世界对青花瓷的通用称谓，也就是白地蓝花瓷器的英译。工匠们以钴矿作为颜料绘于生胎表面，施以透明釉，在高温下一次烧成蓝色彩饰的釉下彩瓷器，呈现了令人惊叹的艺术作品，如同在宣纸上绘就的水墨画，清新淡雅、意蕴悠长。白瓷和蓝彩的搭配，成就了中国瓷器最优雅、隽永、艺术化的代表作，谱写了中国外销瓷流传海外诸国、融汇中外文化的辉煌历史，增添了中国科技史、中国艺术史、中外文化交流史的夺目篇章，载入中国文明的史册。

惊鸿一瞥：唐代青花瓷的创烧

1998 年，在印度尼西亚爪哇海域勿里洞水域发现一艘触礁沉没的唐代沉船，因附近有巨大的黑礁石，这艘沉船被命名为"黑石号"。沉船上发现中国唐代生产的瓷器、金银器及铜镜等货物共 6 万多件。从沉船打捞器物的特征及纹饰看，纹饰多带有伊斯兰风格，符合西亚人的审美情趣，说明所载货物应是阿拉伯、伊拉克、波斯等中东国家商人从中国购买，准备运往中东地区销售。出水瓷器中有三件完整的青花盘，引起了中外学者和陶瓷界的高度关注。

在此之前，国内也曾发现过唐代生产的青花瓷器。最早是在 20 世纪 70 年代，在对江苏扬州唐城遗址的发掘过程中，陆续出土了唐青花残片二十余片，这次重大发现证明了唐朝就开始烧制青花瓷。之后在杭州、洛阳陆续发现唐青花小件或残片。20 世纪 80 年代初期，考古专家通过对扬州出土瓷片的胎、釉、彩进行研究，并对唐代巩县窑的物质和技术条件进行分析，初步断定唐青花的产地是河南巩县窑。2003 年，考古工作者在河南巩义市黄冶村大片耕地和民宅下又发现数件唐代青花瓷片和接近于青花的蓝彩白瓷，由此进一步确认了唐青花的产地就在河南巩县窑。目前，美国波士顿博物馆收藏一件唐代青花花卉纹碗，丹麦哥本哈根博物馆收藏一件鱼藻纹罐，中国香港冯平山博物馆收藏一件青花白釉蓝彩三足条纹蝮，南京博物院收藏一件点彩梅朵纹器盖，均为稀世珍品，非常珍贵。

以上唐青花的纹饰除丹麦哥本哈根博物馆收藏的鱼藻纹罐以外，其余的均为花草纹。花草纹可分为两大类，一类是典型的中国传统花草，多为石竹花、梅花等小花朵；另一类是在菱形等几何图形中夹以散叶纹，为典型的阿拉伯图案纹饰。

而"黑石号"沉船出水的三件青花盘均有完整的纹饰图案，与中国香港冯平山博物馆或扬州出土的唐青花点缀的简单的点与线纹饰风格迥异。这三件盘子的盘心均画有一到两个菱形框，周围画上一束的棕榈形叶片，边沿内起四棱，把盘子分成四块。学者认为这种图样与当时中东地区盛行的美索不达米亚艺术风格极为相似。这三件青花盘的青花料与扬州出土的青花瓷片一样，发色浓艳，带结晶斑，为低锰低铁含铜钴料，应是从中西亚地区进口的钴料。

根据目前已发现的唐青花标本的科学分析，学界归纳出鉴定唐代青花的三个要素：必须是白瓷；釉下点钴蓝；烧成温度摄氏 1300 度。而河南巩义唐三彩窑址就是著名的唐青花产地，唐代青花瓷与唐三彩一脉相传，是由唐三彩中的蓝彩发展而来的。可惜唐代青花瓷的烧制技术还不成熟，犹如昙花一现，随着巩县窑的衰落而戛然而止，湮没在历史的长河中。

域外争艳：元青花外销

宋代是否有烧制青花瓷呢？目前仅在浙江龙泉和绍兴的两处塔基发现十余片青花残片，学界认为极有可能使用的是浙江本地的钴料，与唐青花无延续关系。

真正意义上的青花瓷，最终还是在被誉为"世界瓷都"的景德镇烧制成功，而这时这里已经属于元帝国的天下了。元朝创立于1271年，是中国历史上第一个由少数民族建立并统一全国的大帝国，因其王权由蒙古族掌握，又被称为蒙古帝国。蒙古帝国先后发动了三次西征，以强大的军事实力称霸欧亚大陆。在元朝统治下，多元民族与多元文化并存，科学技术也因而得到创新与发展。

瓷石，是生产瓷器的首要原料。唐五代时，景德镇瓷的瓷胎由单一的瓷石构成。宋末元初，工匠们发明了瓷石掺和高岭土的二元配方，有些原料中高岭土达百分之二十。二元配方使瓷胎中三氧化二铝的含量得以提高，这样能最大限度地减少瓷胎在高温条件下发生变形，保证了大件器物的烧造质量，还可进一步提高烧制温度，从而增加成品的瓷化程度。通过这一系列技术上的改良，器物胎体变得厚重，造型厚实饱满。景德镇烧造出的青花器体型巨大，最大的盘子直径可达六十厘米，大瓶高达七十厘米。

青料，则是生产青花瓷最关键的原料。中国瓷融合波斯蓝，才成就了元青花的惊世美艳。元朝各种艺术形式与多样性文化融合的潮流，成为青花瓷诞生的时代背景。元代青花瓷使用的青料有国产料和进口料两种：国产料为高锰低铁型青料，呈色青蓝偏灰黑；进口料为低锰高铁型青料，呈色青翠浓艳，有铁锈斑痕。景德镇工匠受伊斯兰文化的影响，将伊斯兰民族崇尚的波斯蓝用做瓷器的颜料，通过高温烧制，诞生了具有异域色彩的青花瓷。

作为外销瓷，元青花除了使用进口青料，还大胆采用或仿制异国的造型、装饰纹样，大量吸收伊斯兰文化元素，产品呈现了多种风格和多元艺术形式，与中华民族传统的审美情趣大相径庭。从这个角度而言，元青花瓷器既是中华传统文化的创造，又是中国与西亚文化直接交流融合的结晶。

元青花是中国陶瓷史上的一朵奇葩，也使景德镇一跃成为中世纪世界制瓷业的中心。元代没有设立御窑厂，浮梁瓷局是元王朝在景德镇设置的全国唯一一所为皇室服务的瓷局。正因为元朝帝国统治横跨欧亚两洲，中西交通往来频繁，大批阿拉伯、波斯和中亚穆斯林迁居中国，伊斯兰文化随之传入，西域的音乐、医学、文化习俗、手工艺品也传入中国，异域元素直接影响与造就了元青花。元青花所使用的原材料、绘瓷艺术、烧窑艺术堪称当时世界最高水平。作为一个开放的帝国，景德镇浮梁瓷局出产的元青花并没有像明清官窑那样只供应宫廷，反而多为外销。这是因为当时皇室和贵族都喜好薄胎的单色瓷，而青花瓷在透明釉下绘精细优美的蓝色图案，正好符合中东地区的审美。这种融合东西方艺术的伟大发明，没有孤芳自赏，而是贡献给世界，在异域争奇斗艳，誉满全球。

14 世纪以后，元青花开始外销，通过蒙古帝国横跨欧亚的贸易网络输往西亚、南亚、南非、欧洲等地。作为外销商品的元青花，为了满足不同地域、不同生活习惯用户的需要，在造型上做了特殊改变，如体型硕大的大罐、大瓶、大盘、大碗是为了适应伊斯兰国家广大穆斯林席地而坐、一起吃饭的习惯而专门生产的大型饮食器皿，小型器皿如小罐、小瓶、小壶则多销往菲律宾，根据考古资料可知，这些小型元青花是为了满足东南亚人陪葬需要而制作的外销商品。

　　虽然元青花用于外销，但不是寻常百姓可以拥有，而是专供海外宫廷或贵族富商赏玩，因此元朝对青花瓷的质量和数量有严格控制，所出均为优质产品，等同于官窑精品。元青花传世极少，异常珍贵，根据时间大致分为延祐期、至正期和元末期三个阶段，以至正年间出品最佳。目前可见的元青花包括海外传世品和古代遗址、墓葬出土，其中传世品主要集中在西亚的土耳其托普卡比博物馆与伊朗德黑兰的国家博物馆。

　　土耳其是中世纪东西方贸易的中心与连接东西方的枢纽，也是欧、亚、非三大洲的交汇点。元青花瓷器作为中西方文化直接交流、融合的产物，受到了中西亚王公贵族的普遍喜爱并成为他们追求时尚、彰显奢华的标志。世界著名的艺术博物馆土耳其托普卡比博物馆由奥斯曼土耳其帝国的皇宫改建而成，馆内保存世界各地各个历史时期的大量珍贵文物，数以万计的中国瓷器就是其中重要的组成部分。该馆珍藏的四十件元代青花瓷令世界惊奇，不仅数量多，质量精，而且来源可靠，科学价值极高，是中土两国人民交流与友好往来的历史见证，也是研究我国青花瓷器发展的极为重要的实物资料。

　　土耳其托普卡比博物馆所藏中国外销青花瓷均为元代精品，器形硕大。器物有盘、碗、壶、瓶、罐等，最大的口径为48厘米。这些大型青花瓷器都是当时景德镇工匠按照阿拉伯伊斯兰文化生活习俗而烧制的，因阿拉伯人举行宴会时，用大盘、大碗盛满可供四人或八人共餐的食物，围盘屈膝而坐，以手撮入口中而食。葫芦瓶、梅瓶、玉壶春瓶等均为中国传统器型，但根据阿拉伯人的需要加大了尺寸。盘口瓶是以大罐的口与梅瓶相结合而成的新品种，估计是来样加工产品，极为罕见。

　　该馆收藏的青花瓷器纹饰密集，几乎没有留白之处。纹饰题材十分丰富，有牡丹、荷莲、葡萄、松竹梅、竹石荷叶、如意云头、云龙、云凤、鱼藻、草虫、麒麟、孔雀、鸳鸯、海水、波浪、莲瓣、菱形纹、回纹、水草纹、卷草纹等二十余种，既有中国传统纹样，也有伊斯兰风格纹样，几乎囊括了目前所见元青花的所有纹饰图案。

托普卡比博物馆收藏的青花瓷器属于来料加工性质，青花呈色艳丽，画工精细，国内出土的大件元青花瓷器与之相比大为逊色。这批外销青花精品以呈色浓翠、用料均匀、色浓而薄、线条精细稳定、不晕散为其主要特征。画工们用颜色的深浅不同进行渲染，以表现光线的强弱，所绘纹饰具有立体效果。画法上，一般先用细笔勾线后，再用粗笔填色。尽管青花浓翠之中也有时呈现出黑色斑点，但因线条稳定不晕散，并没有影响到它的多层次空间狭窄的花纹装饰效果，连海水的波浪、动物的毛发都清晰可见。青花的呈色与画工的精细，不仅与青料的好坏直接相关，而且也与窑内温度的高低，火候的变化有着密切的关系。因为温度过低，釉中气泡细密，会影响青花的呈色；温度过高，青料则易出现流淌与晕散现象。这种外销土耳其的青花瓷是用最好的原料制作，筛选最精的青料绘制，由最好的窑工烧制出来的，代表了我国元代青花瓷器生产的最高水平。

苏麻离青：郑和宝船带回的宝物

1405 年（明永乐三年）7 月 11 日，明成祖朱棣命太监郑和率领二百四十多艘海船、两万七千四百名船员的庞大船队出海远航，行程遍及西太平洋和印度洋的三十多个国家和地区，史称"郑和下西洋"。郑和率船队一共进行了七次远航，每次都由苏州浏家港出发，直到1433 年（明宣德八年），第七次远航回程途经古里（又称"古里佛"，位于南亚次大陆西南部的一个古代王国，曾为马拉巴尔地区的一部分，具体位于今印度西南部喀拉拉邦的科泽科德一带，是古代印度洋海上交通的枢纽）时，他在船上因病辞世。郑和下西洋的壮举远胜一个世纪以后的葡萄牙、西班牙等国航海家，如麦哲伦、哥伦布、达·伽马等人，因此郑和也被奉为大航海时代的先驱。

郑和船队曾到达爪哇、苏门答腊、苏禄、彭亨、真腊、古里、暹罗、榜葛剌、阿丹、天方、左法尔、忽鲁谟斯、木骨都束等三十多个国家，最远曾抵达非洲东部、红海、麦加，并有可能到过澳大利亚、美洲和新西兰。郑和船队满载明朝所产的陶瓷、丝绸、钱币，受到西洋诸国的喜爱。在返程中，船队也大量购买或交换一些中国所缺的香料、染料、宝石、象皮、珍奇异兽等，通过物种交换，互通有无，不断拓展明朝的远洋贸易，加强与海外各国的联系与文化交流。

据《明史·郑和传》记载，郑和航海船队共六十三艘，最大的被称为宝船，"长四十四丈四尺，宽十八丈"，是当时世界上最大的海船，折合现今长度为 151 米，宽 62 米，排水量达 171700 吨。船有四层，船上九支桅杆可挂十二张帆，锚重几千斤，要动用二百人才能起航，一艘船可容纳逾千人。郑和七下西洋被认为是中国古代史上最后一次世界性的盛举，郑和宝船也和这次盛举一样，成为了具有文化符号和传奇色彩的事物，谱写了中国洲际远航和世界文明史上灿烂辉煌的一页。

郑和下西洋开辟的海上航线，推动了东西方海上贸易的发展，更拉开了明代陶瓷贸易的帷幕。在此之前，外销瓷多为龙泉青瓷，主要在东南亚地区贸易。郑和七下西洋以后，推动了海外贸易的繁荣，许多华人出洋经营瓷器贸易。更为重要的是，制瓷业受到海外市场的刺激，飞速发展，尤其是郑和船队从东南亚伊斯兰化地区带回的青料苏麻离青应用到青花制作上，使永和、宣德年间的青花胎釉精细，青花浓艳，造型多样，纹饰优美，从此开启了中国青花瓷的黄金时代。

苏麻离青，又名苏泥麻青、苏勃泥青、苏泥勃青等。其名称的由来，一说来自波斯语苏来曼的译音，据说这种钴料的产地在波斯卡山夸姆萨村，村民们认为是一名叫苏来曼的人发现了这种钴料，故以其名字来命名此料。另一种说法是，苏泥麻青应为苏麻离青，是英文 smalt 的译音，意为深蓝色或绘画用的深蓝色粉

现代景德镇窑场制瓷

末颜料。此料属低锰高铁类钴料，故青花呈色浓重青翠，有铁锈斑痕，俗称锡光。元青花的一部分和明永乐、宣德官窑所用青料均是这种钴料。关于苏麻离青的产地，有人认为是西亚地区的波斯，也有人认为是非洲的索马里，但无论原产地在何处，都要在东南亚的苏门答腊进行交易。苏门答腊是 15 世纪中国与阿拉伯地区进行海上贸易的中心，又是东西方商船的避风港。中国和阿拉伯的商人都聚集在此过冬，等

候冬季季候风到来再起航。郑和正是从来自西亚的商船上获得了苏麻离青。

明代永乐年间，景德镇工匠大量使用郑和七下西洋带回的苏麻离青烧制青花

现代景德镇窑场制瓷

现代景德镇窑场制瓷

瓷。明万历十七年以前王世懋所撰《窥天外乘》记载："宋时窑器，以汝窑为第一，而京师自置官窑次之。我朝则专设于浮梁县之景德镇，永乐、宣德间，内府烧造，迄今为贵。其时以鬃眼、甜白为常，以苏麻离青为饰，以鲜红为宝"。明朝永乐、宣德年间成为青花瓷生产的鼎盛时期，出现了"诸料悉精，青花最贵"的现象，青花瓷的成就被誉为"开一代未有之奇"。

苏麻离青这种低锰高铁的青料使烧成的青花不含紫、红色，呈现出纯正的宝石蓝。永乐青花精品瓷质洁白细腻，釉色深蓝中带黑，青料渗透胎骨，生动灵活，不露丝毫笔痕，犹如纸上泼墨，具有灵动的艺术效果。到了宣德年间，绘瓷工匠已经能够熟练掌握青料的性能和绘瓷技艺，用料偏浓则墨势浑然庄重，用料偏淡则色泽鲜浅而雅致，工匠均可挥洒自如，变化万千，每一件作品

现代景德镇窑场制瓷

都是瓷、色、画融为一体的艺术佳品。

郑和下西洋带回的优质钴料苏麻离青，加速了明代青花瓷的生产和技术革新。宣德青花瓷的成功烧制，成就了中国青花瓷釉下彩绘画的巅峰之作，青花瓷也从此走进中国宫廷，成为皇家御用之器。另一方面，景德镇民窑青花瓷的大规模生产和因应市场需要不断地创新，使明代青花瓷成为主流外销产品走向世界，受到各国人民的喜爱和追捧，不再只是少数王室贵族享用的奢侈品。从这个角度而言，郑和七下西洋，开启了中国青花瓷走向世界的崭新时代！

欧洲人对青花瓷的狂热

永乐、宣德年间青花瓷生产经历了质的飞跃，到了万历年间，青花瓷已成为外销瓷中的佼佼者，通过蓬勃发展的海外贸易大量销往国外市场。随着地理大发现而来的西方航海家和商人们，被这些白地蓝花、光洁透明的瓷器深深地迷住了。

万历三十二年（1604），荷兰人在海上截获了一艘葡萄牙商船，船上满载着中国青花瓷，因不清楚这种青花瓷的产地和名称，荷兰人就以这艘葡萄牙商船的名字克拉克命名这类瓷器。整船的青花瓷在荷兰阿姆斯特丹进行拍卖，现场竞价气氛热烈，连法国国王亨利四世、英国国王詹姆斯一世也加入了抢购行列，中国青花瓷在欧洲一夜成名！克拉克瓷成为了中国外销瓷在欧洲的第一美名，从此不仅成为西方人餐桌上的新宠儿，更引发了欧洲人对这种白地蓝花瓷器的无限向往和狂热追捧。

尽管外销青花瓷无法与中国官窑瓷器媲美，但是它比当时欧洲的陶器品质好得多，而且欧洲工匠还没有掌握制瓷技术。从1602年至1682年的80年间，被誉为"海上马车夫"的荷兰东印度公司一共装运了1200万件中国瓷器。以1680年在荷兰出售的1500只小茶罐为例，利润高达 801%。瓷器成为了名副其实的奢侈品。

清顺治十三年（1656），清政府实行海禁，海外市场无法找到中国克拉克瓷，日本、德国、西班牙、荷兰、英国、伊朗等国纷纷仿制，其中最成功的仿制品来自日本。日本称克拉克瓷为芙蓉手，因其所绘图案形似一朵盛开的芙蓉花。荷兰东印度公司从日本购买了这种仿克拉克瓷的青花瓷，销往东南亚和欧洲，获利甚丰。直到清政府解除海禁，中国青花瓷才重新回归市场，夺回一度被日本占领的欧洲市场份额。

17—18 世纪，随着东西方瓷器贸易的不断扩大，大批青花瓷进入欧洲市场。瓷器不再只是王室、贵族和富商专享，中产阶级也开始追捧瓷器。特别是饮茶风尚的兴起，瓷器成为饮茶必不可少的茶具，使用瓷器成为了一种时尚，瓷器图案也逐渐改变了欧洲人的审美。作为一种来自神秘东方、具有异国风情，且欧洲人百思不得其奥秘的舶来品，青花瓷成为了富人们炫富的利器和时尚的标杆，比金银还要昂贵。

17 世纪末在位的英国女王玛丽二世是中国瓷器的狂热爱好者，引领了英国用瓷风尚。在她之前，英国只有查理一世收藏的 60 余件中国瓷器。她从夫君荷兰国王威廉三世那里接触到中国瓷器后，开始不断收集瓷器，并在皇宫内专门设置了许多玻璃橱，陈列她珍藏的 800多件中国瓷。于是英国社会以华瓷装饰和日用的风气便流行起来，瓷器成为贵族和富商客厅和内室必不可少的陈设。其他国家的王侯们也毫不掩饰他们对中国瓷器的热爱。1670 年，路易十四动工修建凡尔赛的瓷宫——特里阿农宫，不惜重金大量购入中国青花瓷和五彩瓷，为了支付购买瓷器的费用，下令将王室所有的银盘回炉。萨克森选帝侯奥古斯特为了得到邻国普鲁士国王威廉珍藏的一批中国瓷器，不惜用一支六百人的萨克森龙骑兵队与之交换，这其中有十八个大花瓶，从此这类花瓶被称为"龙骑花瓶"。1717 年，奥古斯特还在德累斯顿的茨温格宫内修建陶瓷馆，迄今，该馆收藏有近万件中国十七八世纪的外销瓷。

18 世纪，整个欧洲盛行中国风物热（china-mania），中国的茶叶、丝绸和瓷器大量销往欧洲，全世界 1/3 的白银流向了中国。各国东印度公司通过东方贸易将大量瓷器运到欧洲倾销，欧洲人对中国瓷器尤其是青花瓷的狂热逐渐演变成一种过分的症状——瓷疾病，这是法国人发明的词汇，法语为 La maladie de porcelaine，又译为瓷器痴狂症。许多欧洲的富商不惜倾家荡产抢购瓷器，家里的橱架和每个角落都塞满了中国瓷。青花瓷成为英国主妇的最爱，因为它既实用又充满艺术美感，可以成为家庭聚会时炫耀和探讨艺术的话题。据统计，1720—1770 年间，英国商人将大约三千万件瓷器输入英国。1774 年的《伦敦指南》记载，伦敦至少有五十二家专门经销中国瓷器的商店，接受对瓷器装饰有特别要求的订货，店主被称为"瓷器人"（china-man）。

英国启蒙时期现实主义小说的奠基人、被誉为"小说之父"的著名作家丹尼尔·笛福讽刺地说："缺少中国花瓶的房子不能成为一流的房子。"中国瓷成为了十七八世纪欧洲人最时尚的室内装饰品。瓷器摆设从专门的陈列室或起居室扩散到所有房间，这些房间都被主人们精心设计，有的用瓷器装饰镜子四周，有的按瓷器的特殊形状打造了相应的托架，再摆放到壁龛、檐口、壁炉周边或墙上，形状各异、大小不一的中国青花瓷使整个房间充满了来自东方的异国情调。我们看看瑞典人的瓷器厨房是如何的精致：餐桌、厨房的每一个角落都摆放着青花瓷，甚至从橱柜到天花板都装饰着蓝地白花的瓷器，墙体也是用青花瓷砌成的。他们骄傲地称之为"瓷器厨房"。17 世纪中叶以后流行欧洲的日本釉面彩瓷也成为了欧洲贵族的收藏品，这种彩瓷不同于青花瓷的素雅，色彩极为亮丽，不仅具有让人耳目一新的装饰效果，也让进口瓷器逐渐在家居布置中脱颖而出，以夺目的色调和浓郁的异国风情成了来宾们最关注的物品。

　　除了现实生活中无处不见的作为实用品、装饰品和陈设品的青花瓷，在 17—19 世纪的欧洲绘画中也不断出现中国瓷器的身影。克拉克瓷率先成为 17 世纪描绘荷兰贵族家庭室内绘画常见的物品，它们通常被放置在贵族家庭靠近天花板的架子或者橱窗里，成为显赫的陈列品，凸显主人的身份和地位。而作为静物写生对象的青花瓷则往往与波斯地毯、银碟、镶上贵金属的螺壳等流行的异国奢侈品摆放在一起，均为随海外贸易进入欧洲的最有竞争力的商品。著名的荷兰画家约翰内斯·维梅尔（Johannes Vermeer, 1632—1675）有一幅重要作品《在一扇打开的窗户前看信的年轻女子》，画面上有一只盛着一堆水果的中国瓷盘。从质地上看，这只盘子是景德镇出产的青花瓷器；而从形

瑞典瓷器厨房

制上看，它是荷兰人称之
为 klapmuts 的大汤盘。这
种大汤盘是专门从中国定
制的瓷器，十分罕见并且
昂贵。这看似一幅寻常的
荷兰油画，却反映了独特
的时代背景，荷兰东印度
公司经营的中国外销瓷逐
渐成为荷兰贵族家庭的日
用品，从一幅油画以小见
大地看出了与中国瓷器相
关的海外贸易盛况。

到了 18 世纪，大量
销往欧洲的青花瓷器不仅

欧洲静物油画

成为餐桌上最体面的器皿，能用来饮用刚刚在欧洲流行起来的茶、咖
啡、巧克力等进口饮料，更是赏心悦目、凸显身份的装饰和陈设品，
可谓风靡欧洲大陆。随着荷兰、英国、瑞典、丹麦、法国等国家的东
印度公司从中国大量进口瓷器，瓷器成为欧洲普通家庭最喜爱的进口
日用品，物美价廉，款式多样，又具有异国情调。而更让欧洲人按捺
不住的是，他们绞尽脑汁也没有办法破解制瓷秘方，只能无奈地继续
依赖东方进口。欧洲人对中国瓷器的狂热，引发了各国科学家、工匠
对制瓷技艺的不懈探索，最终开启了欧洲制瓷的历程。而青花瓷所蕴
涵的独特魔力，使 blue and white 成为中国瓷器永恒的代表色，犹如东
方文明的一种符号和象征，至今也没有消退。

六 / 中国梧桐山水图

梧桐山水纹饰是清代外销青花瓷中最常见的纹饰,具有典型的中国风情,深受西方人士喜爱,是外销瓷中国风系列的典型。梧桐山水图又被称为"柳亭图"、"石桥图",纹饰以流水小桥、行人小舟、梧桐柳树、亭台楼阁等元素为主,远景重峦叠峰,水光山色,这一幅幅空灵、淡雅的中国山水画,令人心旷神怡。在西方人最爱的青花瓷上描绘秀美静谧的中国水乡景色,画面幽静,意境深邃,生动地传达了中国人向往的远离烦嚣、宁静致远的生活。

梧桐山水图通常绘在整套的青花瓷餐具中,有盘、壶、碟多种器型,配合西方人的饮食习惯,多有奶壶、暖盘、啤酒壶等,在器型、功能或细部装饰上有独特的设计,迎合了欧洲上流社会的品位和需求。因烧制过程比较复杂,选料上乘,价格较昂贵,多为西方顾客成套订烧。

如这件青花梧桐山水图瓶,清嘉庆年间生产,现藏广州博物馆。整体为玉壶春造型,壶身设开光,内绘梧桐山水图,远山重峦,亭台楼阁,湖面泛舟,近处为中国富贵人家庭院,高大的梧桐树引人瞩目,有两位士人在院内弯身交谈。梧桐树与山水人

青花梧桐山水图瓶(广州博物馆供图)

物融为一体，白釉与钴蓝料相得益彰，呈现出清新淡雅的中国人文色彩。

在一些欧洲客户指定制作的特殊器形上，也绘上了梧桐山水图，如这件清嘉庆青花梧桐山水图桃形盘，主纹饰为梧桐山水图，造型独特，为桃形，线条优美，下部还有描金彩带装饰，与官窑或民窑生产的内销青花瓷

清嘉庆青花梧桐山水图桃形盘(广州博物馆供图)

造型迥然不同。这种桃形盘多为一对，摆放在架子上供陈列鉴赏。瓷器犹如新设的画纸，绘上了一幅意境悠远的中国山水画，为欧洲人的家居带来了浓厚的中国文化气息。

梧桐山水图这种纹样，在清朝乾隆至道光年间被广泛地运用到欧洲市场定制的各类青花瓷餐具、茶具上，除了较为常见的器型，还有典型的西方设计用具，如奶壶、盐托、咖啡壶、啤酒杯等。如这件暖盘，通高 18 厘米，口径 35 厘米 × 27.3 厘米，底径 30 厘米 × 23.5 厘米，器形硕大，厚胎，是一件非常实用又极具创意的瓷器。暖盘为椭圆形，分为盖和盘两部分，盖钮烧制成草莓形状；盖上和盘上绘着同样的山水人物图：渔夫在江上划着小船，行人撑着雨伞正在走过小桥，岸边矗立着楼房和亭子，梧桐挺拔，小草摇曳。盘子又有两层，中间是空的，两侧各有一个带孔口的钮，既可当手柄，用来端盘子，又可从此处注入热水，使盘子里的菜肴保温，独特的设计和器型都显示了西方文化的影响。

青花梧桐山水图暖盘

　　梧桐山水图，英文译为 phoenix tree and landscape，为何梧桐树会译为 phoenix tree？又为何这种图案如此流行并广泛运用于外销青花瓷中？这还得从中国传统文化中找根源。梧桐高大挺拔，为树木中之佼佼者。古人常把梧桐和凤凰联系在一起。凤凰是鸟中之王，而凤凰最乐于栖在梧桐之上，可见梧桐树之高贵。《诗经·大雅》的"卷阿"里，有一首诗写道："凤凰鸣矣，于彼高冈。梧桐生矣，于彼朝阳。菶菶萋萋，雍雍喈喈。"描述的是梧桐生长的茂盛，引得凤凰啼鸣。菶菶萋萋，描述的是梧桐的丰茂；雍雍喈喈，指的是凤鸣之声。

　　在《庄子·秋水》里，也提到梧桐。庄子对惠子说："南方有鸟，其名为鹓雏，子知之乎？夫鹓雏，发于南海而飞于北海，非梧桐不止。""鹓雏"是凤凰的一种，庄子说凤凰从南海飞到北海，只有遇见梧桐才降落到上面，可见梧桐的高贵。由于古人常把梧桐和凤凰联系在一起，故今人常说："栽下梧桐树，自有凤凰来。"寄寓美好的愿望。古代富贵人家常在院子里栽种梧桐，不但因为梧桐树高大挺拔，而且梧桐是祥瑞的象征，希望梧桐树为家人带来好运。中国人历来视梧桐树为吉祥嘉木而广为种植，就是看重梧桐蕴涵的丰富的文化意蕴。

还有一种古老的传说，认为梧是雄树，桐是雌树，梧桐同长同老，同生同死，且梧桐枝干挺拔，根深叶茂，因此在诗人的笔下，梧桐树又成了忠贞爱情的象征。唐代诗人孟郊所作《烈女操》名句"梧桐相待老，鸳鸯会双死"，以自然界雄梧雌桐枝叶覆盖相守终老，鸳鸯水鸟成双成对至死相随，比喻古代贞洁的妇女为丈夫殉节，以表坚贞不渝的情义。

无论是凤凰栖身的高尚寓意，还是雌雄相守到老的爱情象征，在中国传统文化中梧桐树都是备受尊崇的。国人将对梧桐树的热爱和精神追求，直接运用到清代外销瓷中最具中国特色的品种青花瓷中，青花梧桐山水图不仅寄寓了中国人的文化内涵，也以形象的画面和悠远的意境，传递了浓厚的中国文化气息，因而深受西方人喜爱，成为外销青花瓷中长盛不衰的独特题材。

七

广彩满大人图案掀起的中国风

广彩为广州织金彩瓷之简称，因其色调鲜艳，富丽堂皇，有堆金织玉之感而得名。广彩初创于清康熙晚期至雍正早期，成熟于乾嘉时期，是粤海关成立以后，十三行贸易时期的特殊产物，更是十八九世纪广州生产的专门销往欧美市场的瓷器。

瓷器是古代中国主要的外销商品之一，清代外销彩瓷除来自江西景德镇的青花、五彩和粉彩外，最具特色而且销量惊人的就是广彩。广彩初创期的画匠、颜料和白瓷胎均来自景德镇，其纹饰风格接近五彩、粉彩和珐琅彩，但是经广州工匠二次加工创作后，又有创新，既吸收了中国传统瓷器的彩绘技艺，又仿照西洋画的表现手法，别具特色。广彩匠人犹如在瓷器上绘制西方油画，画面富立体感和纵深视觉效果，人物、花鸟、动物形象生动逼真，可谓中西方绘画艺术的结合体。

为适应外商需要，许多广彩的造型和纹饰都是根据欧洲商人的要求订烧而成，正如清代蓝浦《景德镇陶录》称："商多粤东人，贩去与鬼子互市，式样奇巧，岁无定样。"广彩纹饰题材有中式庭院人物、田园风光、山水、花鸟、瓜果、虫蝶、船舶等，还有专门按欧洲商人要求绘制的西洋人物、风景、建筑、神话故事的图案以及带有欧洲公司商标、家族徽章的徽章瓷，丰富多变，能够满足海外客户的多种需求。

清代康熙到道光年间外销欧美的广彩瓷中出现了许多清装人物纹饰，尤以乾隆朝广彩瓷最盛，西方人习惯把广彩瓷中的清装人物纹饰称为满大人图案。

mandarin（满大人）一词，最早出现于17世纪初，葡萄牙与中国开始通商之时,葡萄牙人开始用这个词汇称呼中国的官员,无论文官还是武将,高官还是小吏。这个词来源于葡萄牙语的动词 mandar,它的意思是统治或管理,之后到东方贸易的西方人就沿用这个名词指代清朝各级地方官员。《现代英汉词典》将这个单词用作名词时,译为(旧时)中国政府的高级官员。用作形容词时,译为中国式服装的,紧身马褂的,官僚的。我们不难发现,这个词汇的名词或动词的含义,都保留了它出现的历史背景和文化烙印。

17—18世纪,许多画家随外国使团来到中国,用画笔描绘了他们在中国的所见所闻,包括中国官员的生活和工作,也有许多游记对此进行了描述,这些文字和图像描述进一步引发了西方社会对中国人生活的好奇,广彩满大人图案应运而生。这是广州彩瓷因应欧洲市场需要生产的一种特殊纹样,可谓按需生产的商品。

广州博物馆收藏了多件广彩满大人瓷器,可说明这一纹饰的特点。如清乾隆广彩人物纹盘,高3.8厘米,口径24厘米,足径13厘米。盘子边缘为四组小开光内绘山峦、树木、房屋景色,盘心就是典型的满大人纹样:画面主人公为斜坐在云石之上的清朝官员,蓄八字须,蓝色长衣外罩刺绣短袍,气定神闲地抽着旱烟,嘴角含笑地看着右侧的孩童,其右后侧有一着青衫的下属官员在旁伺候。其身后还有两位年轻侍女。远处为林木、绿地环绕的湖水,景致迷人。这组画面描绘了中国官宦之家家居生活其乐融融的景象,中国人物、中

清乾隆广彩人物纹盘(广州博物馆供图)

清乾隆广彩开光人物纹碗（广州博物馆供图）

式服饰、中式家居、中国园林，营造了浓郁的中国风情，成为清代外销瓷中国风系列中青花梧桐山水图之外的另一种代表纹饰。

又如清乾隆广彩开光人物纹碗，高 10.8 厘米，口径 26.2 厘米，足径 12.8 厘米。此碗外壁有两组开光人物图案，开光之间填绘广彩织金小尖矛图案。正面为人物山水图，共有八位神态各异的清朝人物，其中三位成年女性，三位成年男性，另有两名孩童，都衣着色彩鲜艳，人物之间眼神各有交流，可分为三组人物故事。最左侧一对男女似为情侣，姑娘倚窗望向屋外，庭院中有一名红衣年轻男子，正遥遥相望，两人似在互诉相思。中间一对年龄相仿的女性，衣着服饰打扮相当，在扭头交谈。最右侧四个人物，蓝色长袍端坐者应为职位较高的官员，红色长袍站立者为其下属。人物背后是中国山水景色，有小舟、远山、楼阁、房屋。整个画面描绘的是中国人的生活环境和日常生活情景，有一定的故事情节，人物表情刻画较为细腻，耐人寻味。

除了较为传统的汉族服饰人物，广彩满大人图案中还有比较特别的旗人生活场景。如清嘉庆广彩锦地开光人物纹茶壶，通高 13.3 厘米，口径 6.7 厘米，足径 7 厘米。壶身多处描金彩，多处点缀大小开光纹饰，正面开光也是满大人纹饰，描绘了清代满族家庭生活：右后方以半圆形勾勒出闺房内小姐的相貌，穿旗人服装，梳旗人发髻。左后方的厅堂案上摆放新鲜水果。正前方是夫妻和幼儿，男女主人头戴毡帽，身穿有毛领的长袍，女主人和男童都手捧茶碗。因茶壶壶身小，可供绘图面积也小，但是通过巴掌大的壶身图案，描绘出清朝家庭的一个侧面，也是难能可贵的。想想 19 世纪初的西方家庭面对这件充满画面感的中国外销茶壶，如同亲眼目睹地球另一边中国家庭也在一家团聚、悠闲品茶的情景，必定激发了他们许多想象力和话题，带来许多乐趣。

传世广彩人物纹餐具中有全套统一定制的，出自乾隆年间瑞典的订单，共 110 多件，包括大肉碟、汤盘、酱汁斗、奶壶等西方餐桌上必备的器皿。每件餐具上的纹饰大体相同，都是清朝服饰人物图，但服饰、头饰的颜色、背景、摆设均有细节上的变化。这种数量庞大的满大人图案西方餐具，显然是西方市场专门订制的，说明了欧洲社会对中国风的喜爱。十八九世纪这种具有强烈中国风的瓷器大量进入欧洲社会，成为餐桌上的新宠儿，与这一时期西方各国极力开拓东方贸易市场的历史背景是吻合的。

尽管这些满大人图案的绘画技艺略显粗糙，但人物表情、神态非常传神，色彩运用得当，甚至可以清楚地看出欧洲透视技法的灵活运用，画面与传统中国绘画相

清嘉庆广彩锦地开光人物纹茶壶（广州博物馆供图）

比较，已经具有了纵深感。可见广彩画工对欧洲绘画技艺的熟练掌握，这与18世纪以来广州口岸外销画行业的兴盛也有必然的联系。

从这些瓷器我们可以发现清代外销广彩瓷中满大人题材纹饰的特点：有老有少有男有女，一般为两代同堂，少或三代同堂。主要背景为厅堂、庭院或郊外，人物身后背景还可见树木、山丘、农舍、湖泊、轻舟等。画面多以男主人为中心，闲坐品茗或狩猎归来，或吸烟遛狗，身旁有妻妾或孩童，此外一般有两名侍女或男家仆侍奉左右。清朝不同时期生产的广彩瓷上绘制的人物服饰和发型也有所区别。雍正时期，人物占据较大画面，男子头戴暖帽或凉帽，有的帽后束孔雀翎，仕女头系较低的发髻，较偏向后脑。乾隆时期，女式发髻开始向上梳，较雍正高些，有的系单髻或双髻，有的仕女梳旗髻，仕女身着过膝长衫，束腰，下露裙脚。嘉庆时期，男子头戴暖帽，仕女梳旗髻或单髻式样，单髻向头顶移，发髻加高，有的较细长。嘉庆以后，纹饰风格通俗化，反映市井生活的内容增多。道光时期，男子头顶多戴幞头，仕女发髻出现前高后低的双髻式，或梳双髻，背披长发。仕女身多穿衫、短裙和长裙，服装分为三段，束腰。这些细腻的刻画不仅凸显时代特征，反映了各朝崇尚的生活习俗、流行服饰、装饰画面，也成为我们判断这类瓷器烧造年代的一个重要依据。

满大人纹饰犹如一幅幅清代官宦富商的生活照或全家福，生动反映了中国家庭安居乐业、温馨愉悦、富足悠闲的家庭生活，传递了一个令人羡慕、向往的东方社会：那里的人性格随和，生活安逸，经常在风景如画的亭台楼阁、庭院园林里游玩，或者在春光明媚的时节外出狩猎，人与自然和谐共处。曾有学者探讨外销瓷中的满大人纹饰，究竟是对中国人生活的褒还是贬，各方意见不一，以胡雁溪先生的观点最能反映历史背景。纵观满大人纹饰流行的年代，截至道光年间，在此之前，东西方贸易尚处于和平贸易时期。通过中国外销商品传递给西方社会的不仅是高超的技艺，更多的是神秘而又令西方人向往的中国文化。而满大人纹饰的外销瓷毫无疑问是为西方社会专门定制的，它们成为了西方人了解中国家庭生活的重要媒介，一幅幅生动的家居生活场景里展现的是优雅的中国服饰、引人入胜的家居摆设和园林建筑、悠远惬意的山川河流、乐享天伦的家庭氛围，极大地满足了西方人的好奇心和对东方世界的向往，因此才会成为外销瓷中独特的题材，流行了逾百年。这种纹饰普遍流行的 18 世纪，正好是欧洲极度钟情、迷恋东方的时代，甚至于被后来欧洲的史学家比喻为"欧洲对亚洲的幻想"时期。之后随着东西方战争的爆发，贸易关系不再平等，瓷器订单随之骤减。更为重要的是，随着西方摄影术的发明和使用，欧洲摄影师开始进入中国，用照片拍摄中国人真实的生活状态，大量照片在西方社会传播以后，打破了西方人曾经想象的美好，满大人纹饰不再具有吸引力，这类题材的外销瓷自然就被时代所淘汰。

世界各国文明，在接触和碰撞中不断交流、融合，其中需要一个长时段的相互了解和认识过程，广彩满大人图案就是中国文化与欧洲社会接触早期的产物。这种图案多为清朝官员家庭生活、花园游玩、狩猎等场景，以艺术性和写实性兼具的生动画面，为欧洲社会提供了中国人日常生活的珍贵图像资料。因此具有广彩满大人图案的外销瓷成为中国文化的载体之一，在贸易商品的特性外，被赋予了独一无二的文化交流使命。

八 镌刻贵族史的纹章瓷

2005 年 1 月，佳士得拍卖行在纽约洛克菲勒中心举办了一场中国外销艺术品专场拍卖会，一对 18 世纪 40 年代烧制的带有菲利普五世徽章图案的纹章瓷，以 30.72 万美元的高价成交。同年，在伦敦的一场拍卖会上，一对 18 世纪的粉彩描金鱼形汤盆以 62.4 万英镑的高价成交。这对汤盆近半米长，绘工精细，色彩艳丽，在鱼鳃处绘有西班牙贵族奥乔亚家族的徽章。2006 年，伦敦宝龙拍卖公司又推出了"寇特收藏中国纹章瓷器"的专场拍卖，155 件均为欧洲定制、中国生产的纹章瓷精品，几乎每件拍品的背后都有一个精彩的皇室或豪门家族故事。这次纹章瓷专场首次试水大获成功，显示出近年来纹章瓷受到海内外文物收藏机构和私人收藏家的普遍关注，纹章瓷收藏有着无限潜力和巨大的市场空间。纹章瓷究竟是怎样的一类中国外销瓷？有什么特别之处呢？

外销瓷中的官窑瓷器

纹章瓷（armorial porcelain）是 16 世纪以后畅销欧美市场的一种中国外销瓷，因瓷器上绘有欧洲贵族家族的徽章，又被称为徽章瓷。纹章瓷属于订烧瓷，即由中国工匠按照欧洲商人提供的种类、造型、式样、纹饰、工期等彩绘烧制而成，它既有中国传统制瓷工艺特点，又体现了精美典雅的欧洲装饰风格，更因镌刻欧洲贵族的徽章，具有很高的文物收藏价值和艺术欣赏价值。

纹章瓷的烧制始于明代末年，目前发现最早的纹章瓷标本是一件青花瓷壶，壶身绘有葡萄牙国王马努埃尔一世的纹章。大约在 17 世纪后期，法国首相马扎兰按照国王路易十四的命令，建立了中国公司，这个公司通过广州口岸定制了大批带有甲胄、军徽、纹章图案的瓷器。此后，纹章瓷便在欧洲盛行起来。

清代同治、光绪年间寂园叟所著《陶雅》一书中有关于纹章瓷的记述，是至今难得一见的中文文献。书中描绘了一种清代康熙年间所烧制的独特青花大盘："盘中画皇冕徽章，旁有两翼之狮狗，分攀于其上。载有拉丁古文，阳历年月。"这就是如今我们见到大多数中国纹章瓷的纹饰特点：器物正中为欧洲王室或贵族的徽章，这些徽章大部分由盾牌和王冠组成，盾牌由分立两旁的狮子、狗、鹿等动物所持，盾牌下方还有飘带，飘带上有用英语、法语、荷兰语、拉丁语等欧洲语言书写的格言或谚语。

纹章瓷最初是欧洲皇室、贵族专享的订烧瓷，多为喜庆典礼或重大纪念日而定制。从器型来看，纹章瓷多为成套的定制餐具和茶具，大件器型十分稀少。18世纪中期开始，纹章瓷的订单和生产达到了顶峰，许多原先地位较低而且没有特定纹章的富贵人家，也开始创造自己的纹章盾徽。英国伦敦甚至出现了一种专门为人订制有特殊纹饰瓷器的商人，号称瓷人。虽然纹章瓷的数量在中国外销瓷中所占的比例不大，但是由于这些瓷器大多为欧洲诸国的皇室、贵族、豪门家族、军团、大公司等专门定制，规定了独一无二的纹饰、造型乃至工期，因此定制价格高昂，对产品的质量要求也十分严格。当时集中了最好的工匠和原材料，按照欧洲人的审美要求和具体订单烧制出来的纹章瓷，每一件都是艺术精品。与一般的外销瓷相比，纹章瓷质量上乘，又是欧洲上层社会专享，因此有人将纹章瓷比作外销瓷中的官窑瓷器。

纹章瓷镌刻欧洲贵族历史

纹章瓷是由欧洲客户专门订烧的，图案均由欧洲设计，来样订做。

通过一张张来自欧美的订单和样稿，把远在重洋之外的欧洲皇室、贵族和中国景德镇、广州的瓷器工匠联系起来。虽然纹章瓷在外销瓷中占的比重很小，但是非常重要，每一件都有其确切的主人，还可以通过纹章来为纹章瓷断代。

据统计，17—19世纪英国从中国定制的纹章瓷就有4000多种，而瑞典则有300多位贵族曾到中国定制过纹章瓷。这些传世的纹章瓷既是中西瓷器贸易的物证，也成为镌刻这些欧洲显赫家族历史的重要文物。每一件纹章瓷都承载了一个家族或者一个独特人物的历史，具有极其重要的历史价值。中国虽然是纹章瓷的产地，但由于它是一种特别定做的外销瓷，烧制以后远销海外，几乎没有留下任何有关订购者、烧制年代及其图案的中文记载。而留存国内的纹章瓷又极为罕见，加上史料记载和参照物的匮乏，使得中国研究者对纹章瓷的纹饰内涵和历史价值难以做到准确全面的认识。面对这些珍贵的历史遗产，专家们似乎无从下手。要揭开纹章瓷历史之谜，还得先了解欧洲纹章学知识。

纹章（coat of arms），指一种按照特定规则构成的彩色标志，专属于某个家族、个人或团体的识别物。纹章学最早起源于12世纪的英国，贵族允许佩戴并世袭徽章以及各种特殊的用于识别的标志。纹章也称为盾章，最早诞生于12世纪战场上，主要是为了远距离识别因身上穿戴锁子甲风帽（直到下巴）和头盔护鼻遮住了面部以致难以辨认的骑士们。当时欧洲骑士都流行穿戴盔甲，米兰出产的盔甲质量最高。为了在战场上轻易辨认出敌我双方，骑士们逐渐养成了在自己盾牌的正面加绘扁桃状图案的习惯，作为在混战中以及在早期比武时辨认的符号。为了从远处容易辨认，他们大多采用对比强烈的纯色，以及十分明显的单线条勾勒图案，这些图案通常呈几何、动物或花草形状，而为了显示主君在战场上的位置，不同的图案还表明纹章使用者的身份。此后纹章就在英国开始流行，从 13 世纪起，无论是贵族还是平民，只要遵守纹章术的规则，任何人都可以拥有和使用纹章。英国是最注重纹章传统的国家，大约五百年前，伦敦成立了专门制定纹章的机构，以国王或王侯的名字来命名所有的纹章，每一个纹章只能被一个特定的个人使用，而不是整个家族，也只有他们的直系后代才能继承。

正因为纹章的唯一性和专属性，纹章瓷就成为某个人或某个家庭的专属品。通过纹章瓷可以识别特定的人和他们的社会阶层，以及他们的婚姻、祖先和后代的情况。从这个角度而言，纹章瓷已不仅仅是贸易商品或艺术品，其中更镌刻着欧洲贵族的辉煌历史。

如何看懂纹章瓷

纹章瓷或许是中国外销瓷中涉及欧洲历史和文化知识最丰富的类别，因此奠基性的研究成果还是来自欧洲学者，其中最著名的是英国纹章瓷专家大卫·霍华德。霍华德先生拥有深厚的纹章学知识，他结合欧洲传世的中国外销瓷实物，毕生致力于中国纹章瓷研究工作。1974 年他首先出版了《中国纹章瓷》(*Chinese Armorial Porcelain*)第一卷，书中收录了逾 2000 套英国从中国定制的纹章瓷。作者充分利用英国传统的纹章学研究成果和西方档案中有关明清时期中西贸易史料，对这些纹章瓷的贸易背景、瓷器质地、纹饰风格进行了深入考察。此书是中国纹章瓷研究的奠基之作，至今仍是该领域综合性研究最具参考价值的论著。2003 年大卫·霍华德又将自己最近三十年的研究成果结集出版，即《中国纹章瓷》第二卷。此卷在第一卷的基础上新增加了 1380 多套的纹章瓷彩色图录，每件瓷器都标明确切的烧制年代以及纹章所有者的生平。更为重要的是该书根据第一、二卷所收集的共计约 4000 套纹章瓷的图录，分 A—Z 类举例说明不同时期出现的各种类型纹章瓷边沿纹饰及其特点，如 1735—1780 年间出现了

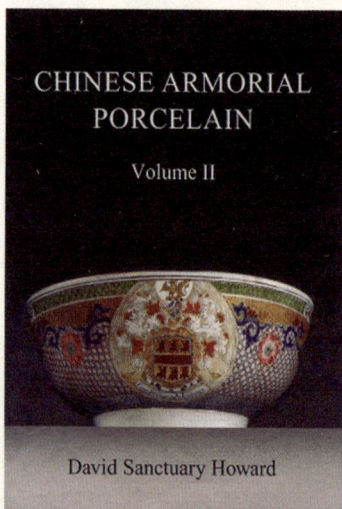

CHINESE ARMORIAL
PORCELAIN

Volume II

David Sanctuary Howard

《中国纹章瓷》第二卷封面

菱形边饰图案，而 1735—1765 年及 1790—1805 年间还出现典型的葡萄藤装饰图案，为读者清晰地展示了纹章瓷装饰风格的演变，同时也为文物鉴定者鉴定纹章瓷的烧制年代提供了重要参照物和判断依据。

霍华德先生及其遗孀安吉拉·霍华德（Angela Howard）对纹章瓷的研究，引导我们去解读纹章瓷上的纹章，进一步发掘纹章瓷蕴涵的欧洲贵族历史。纹章瓷一般都是为喜庆典礼而定烧的，而且纹章本身就是一定历史时期的产物，所以大部分纹章瓷都可以根据瓷器上的家族纹章考定它们的绝对年代，精确度甚至可以缩至两三年之内。另一方面，纹章瓷是为欧洲皇室、贵族或其他重要人物定制的，绝大部分瓷器上都有专属的徽章，但也有用字纹代表特殊含义的纹饰。英国贵族定制的纹章瓷，有严格的纹章图案规则：公侯伯子男，按身份世袭，其纹章用不同的皇冠来区分，不得混淆。纹章最重要的一部分是下方的盾牌，盾牌上方往往是头盔，头盔上方是头冠，多以有代表性的鸟类或兽类。头冠与头盔之间有一花环圈状物。纹章底部是格言或座右铭，成为一个家族的传统，可使用拉丁语、英语、法语等，如果后代不喜欢可以更改，座右铭不是纹章不可缺少的元素。

按照英国纹章使用传统，所有贵族的纹章都可以使用护兽，鸟类、兽类或人物图样，以扶着盾牌的形式存在。氏族首领、伦敦贸易公司和女皇的骑士制度与准则下的非贵族也可以使用护兽。贵族的女儿因为不上战场，她的纹章不能使用盾牌、头盔和头冠。女性的纹章一般

公侯伯子男王冠图案

都放在菱形钻石图案里，大部分有缎带装饰。

纹章瓷除了烙印个人的专属标志，也成为欧洲家族婚姻关系的一种独特表达方式。为了纪念两个家族的联姻而专门定制的纹章瓷，根据夫妻双方家庭的实际情况，有严格的纹章构成规则。第一种是纹章上的盾牌分成两部分，左半边为男方纹章，上方头冠也是男方的。右半边是女方家族纹章，通常是其父亲的纹章。这种由双方家族纹章组合而成的新纹章仅用于一代，后世不得继承。第二种纹章是边缘紧靠型，两个椭圆形的圆圈边缘紧靠在一起，圆圈内分别是夫妻双方的纹章。第三种是女方家庭没有兄弟可以继承父亲的地位，因此女方能够继承父亲的纹章、土地以及其余财产，并传给她的后代。于是女方父亲的纹章在她丈夫的纹章盾牌的部分中间出现，这表示他们的后代同时继承夫妇俩的纹章。这种独特的联姻纹章，为我们了解两个家族的历史及关系提供了极其宝贵的材料。

除了欧洲正统贵族定制的遵循严格纹章学规范的纹章瓷，还有在亚洲贸易中崛起的欧洲著名商人定制的纹章瓷，同样蕴涵了这些商人在亚洲贸易中发家致富的历史及其独特的艺术审美观。如

瑞典格瑞家族定制的青花纹章瓷（广州博物馆供图）

瑞典的格瑞家族在中瑞贸易历史上发挥了重要作用，从 1731 至 1766 年，这个家族有四位成员曾经担任瑞典东印度公司的董事，其中亚伯拉罕·格瑞居住在东印度公司总部所在地哥德堡，克劳斯·格瑞是斯德哥尔摩一个船厂的董事，该船厂建造了多艘瑞典东印度公司的船只。1740—1780 年间，这个家族订购了至少 8 套纹章瓷，有青花瓷和粉彩瓷，其上绘制的纹章有两套是字章，六套为其家族族徽：一只口衔蚱蜢的仙鹤。实际上格瑞家族从意大利移民到瑞典，并未授封贵族，口衔蚱蜢的仙鹤只是其自己设计的族徽。他们专门邀请瑞典著名的设计师克里斯蒂安·普利特为其设计成套纹章瓷的纹饰。

纹章瓷订烧的演变

从明代末年到鸦片战争，在三百多年的订烧过程中，纹章瓷的风格发生了许多变化。早期纹章瓷的特点是将大而匀称的纹章画在瓷器中心位置，醒目而突出，瓷器边缘环绕各种花卉或飘带作为装饰。从 18 世纪晚期起，纹章不再被单独地装饰在显著位置，而是画在瓷器的边缘，与其他装饰纹样融为一体，说明订制者不仅仅强调纹章的重要性，更加注重瓷器整体的艺术效果。在订制过程中，纹章瓷也选用了当时流行的一些外销瓷样式，如万历年间的克拉克样式，乾隆时期的蓬皮杜夫人纹饰、菲茨休纹饰，18 世纪早期带有印度风格的烟叶瓷等，这些典型的欧洲风格纹饰被频繁地运用到纹章瓷的装饰中。每隔十几年至几十年，纹章瓷的流行纹饰就发生改变，那些具有少见、精美纹饰的纹章瓷受到收藏家的追捧。

纹章瓷的制作与其他外销瓷一样需要经过多道工序，明代纹章瓷都在景德镇完成，烧制好以后再通过内河运送到广州口岸装运出海。因为明代纹章瓷主要是青花纹章瓷，而欧洲纹章几乎都是彩色，青花并不能完美地表达纹章的内涵。随着订烧的数量越来越多，为了节省工期，广州的商人直接选用景德镇的白胚瓷，让瓷工们按照欧美商人提供的纹章和边饰图案彩绘加工以后二次烘烧，又有在外销瓷成品中央或四周加绘西方纹章图案重新烧制。从清朝康熙年间开始，釉上彩形式的纹章瓷代替青花成为纹章瓷的主流，五彩、粉彩纹章瓷都成为欧洲客户喜爱的产品，从而迎来了纹章瓷订制的高峰。而雍正时期兴起的广彩瓷，色彩艳丽，金碧辉煌，与欧洲的彩色纹章融为一体，一经面世就受到欧洲顾客的喜爱，乾隆年间广彩纹章瓷成为纹章瓷订烧的热门品种，广州口岸逐渐成为景德镇以外，纹章瓷生产的重要区域。

17—18 世纪，欧洲市场是纹章瓷的重要订购方。19 世纪开始，欧洲的订单逐步减少，来自美洲大陆的美国商人成为主要的顾客，鹰旗、美国老鹰图案、描绘独立战争等历史事件的画面成为订烧瓷中常见的图样。然而，由于欧洲纹章图案复杂，再加上文化差异，纹章中出现的动物、花鸟甚至是字母都是中国工匠见所未见的，工匠们只是依葫芦画瓢，无法与欧洲客户作进一步的沟通、咨询，所以纹章瓷的订制过程中会出现一些人为的错误，比如把订制者设计图中的说明文字或是图案的外框当作图案的一部分，一并绘在瓷器上；外文单词拼写错误等。因为纹章瓷订制价格昂贵，而且烧制时间加上贸易往返时间，一般都要两年左右才能送回订制者手中，即使发现纹章图样有错，客户也只能笑纳了。类似这样的阴差阳错，成了中西文化交流中的趣事，这种纹章瓷也成了今天拍卖会或收藏品中的高价品。

纹章瓷大概经历了两百多年的发展历程，始于明朝末年，经历了康熙、雍正、乾隆三朝的鼎盛时期。到 19 世纪后期，随着中国瓷器制作工艺的下降、欧洲制瓷业的兴起和东印度公司逐渐退出历史舞台，纹章瓷订单数量急剧减少，到八国联军入侵中国后完全停止生产，中国外销瓷的官窑就此湮没在历史长河之中。

第三章

海外名瓷

　　曾经，中国是世界上唯一懂得制造瓷器的国家，泥土经过工匠们的双手，幻变成清澈通透、光洁炫目的瓷器，令人称奇。西方各国科学家、工匠废寝忘食地探究制瓷技术，经过无数次的试验，最终有了属于自己的发明创造。世界其他国家的制瓷历史，就是一部对中国外销瓷输入、仿造、创新，直至形成自我风格的历史，见证了中国陶瓷技术对世界工艺文明的伟大贡献。东南亚、南亚、西亚、中亚诸国，地处中西方海路或陆路交通枢纽，是中国外销瓷的主要市场。在中国陶瓷文明的启蒙下，这些地区发展起本国的陶瓷业，其中越南青花瓷、伊朗彩瓷较为著名，但其瓷器贸易及传播范围不及全球，对世界制瓷业的影响较小。朝鲜、日本和欧洲许多国家在引进中国外销瓷之后，大胆创新，烧制出闻名世界的民族品牌名瓷。

一、高丽青瓷书写历史新篇章

　　中国与朝鲜半岛一衣带水，唇齿相依，自古以来就是商贸、文化交往频繁的友邻国家。7—10世纪，中国建立了强盛、开放的大唐帝国，与东亚、西亚、中亚、东南亚等国通过朝贡贸易维持了稳定的经济往来，互通有无，共享共荣。处于中国中部沿海的明州（今宁波）是唐代中国与东亚诸国的重要贸易港口，造船技术与航海业的发展促进了港口的兴盛和海外贸易的繁荣，从唐代开始，新罗清海镇港、日本值嘉岛港、博多港和长崎港都与明州有密切联系，航线密布，形成了东亚贸易网络。

　　考古发掘证明，唐代已有大批越窑青瓷经明州输入朝鲜半岛，最初可能是作为朝贡使团馈赠品传入朝鲜，之后随着中朝贸易的发展，越窑青瓷作为主要的贸易商品不断输入。在朝鲜庆州拜里、扶余、古百济益山弥勒寺、雁鸭池等遗址都曾发现越窑青瓷。宋代中国与东亚地区的瓷器贸易更加兴盛，浙江龙泉窑、江西吉州窑、福建建窑的产品畅销东亚，许多精品至今被奉为国宝文物。

　　20世纪70年代，在朝鲜半岛西南部新安海域发现一艘元代从庆元港（今宁波）出发前往日本博多港（今福冈）的一艘贸易沉船，这条船长34米，宽11米，重200吨，是世界上现存最大、最有价值的中国古代贸易船，被命名为"新安沉船"。从1976年至1984年，韩、中、日三国考古人员和历史学家联合对此船进行了发掘、研究，并最终将沉船打捞出水。"新安沉船"共出水两万多件中国外销瓷，其中浙江龙泉生产的青瓷一万多件，另有青白瓷、白瓷、天目釉瓷、黑釉瓷、钧釉瓷、白釉黑花瓷等，此外还有两千多件金属制品、石制品和紫檀木，以及800万件重达28

吨的中国铜钱，这一重大发现震惊了全世界。沉船上有个铜制秤砣刻着"庆元路"字样，还有一些货物标签木牌上写有日本货主"东福寺"的字样，从而证明了这艘日本商船的出发港口是元代庆元港。"新安沉船"出水的中国外销瓷充分说明了元代中国与东亚陶瓷贸易非常繁盛，中国外销东亚的瓷器种类繁多，尤以浙江龙泉青瓷最受欢迎。

从唐代至元代将近七百年间，持续不断地有中国青瓷传入朝鲜半岛，无论是唐代越窑青瓷还是宋元的龙泉青瓷，都代表了某一时期中国青瓷制造的最高技艺。这些青瓷精品的输入，不仅丰富了朝鲜人民的日常生活，更将青瓷工艺传入朝鲜，激发了当地工匠的技术革新，从而翻开了朝鲜半岛瓷器制造的崭新一页。

新罗王国的陶瓷新秀

668年，新罗吞并了伽耶，高句丽收服了百济，朝鲜半岛得以统一，直到935年新罗末代帝王敬顺王向高丽降服，统一新罗时代延续了270多年。新罗时代的朝鲜半岛深受唐朝文化的影响，尤其体现在佛教文化方面，许多新罗时期兴建的佛教建筑至今仍是朝鲜建筑艺术的经典之作。

唐朝的陶瓷文化对新罗国的影响也非常深远。以唐三彩和越窑青瓷为蓝本，朝鲜工匠研制出新罗三彩和新罗烧，为此后朝鲜陶瓷业的发展奠定了深厚的基础。

新罗三彩的烧制与佛教在新罗的传播密不可分。5世纪，佛教开始从中国经由高句丽传入新罗，至7世纪末已在朝鲜半岛拥有较多信众，佛教文化中的丧葬形式火葬也开始流行于新罗，盛放骨灰的陶器出现了各种各样的造型与装饰，三彩釉陶器是其中较为典型的冥器，新罗三彩的釉彩、装饰图案都可看出唐三彩的影响。虽然新罗三彩传世数量不多，不如唐三彩富贵华丽，也不如奈良三彩清丽优雅，但它构成了三彩陶器的丰富类型，更因朝鲜半岛独特的地理位置，成为中日两国三彩陶瓷文化交流的桥梁，具有不容忽视的历史地位。

新罗烧则是朝鲜半岛统一新罗王朝时期烧造的青瓷器皿，主要吸收了唐代越窑青瓷的烧造技术。新罗烧的主要原料是碎屑岩类黏土和高岭土（即瓷土）两类，均为矿质黏土，不是土质黏土。矿质黏土不仅能烧制硬陶，而且是烧造瓷器的原料。无论是唐代越窑青瓷，还是新罗青瓷，都不是以纯净度较高的碎屑岩类黏土和高岭土烧造的青釉瓷器，因此还不能达到宋代以后瓷器坯胎纯净度的标准，无法呈现宋代青瓷釉色的莹润和通透。但是这一时期的新罗烧相对于之前的朝鲜陶器，已经是历史性的进步，它的胎质、胎色和釉质、釉色及其工艺，基本上与中晚唐越窑青瓷相近，为高丽青瓷的诞生奠定了坚实的基础。

具有朝鲜民族风格的高丽青瓷

提到朝鲜半岛的瓷器，不能不说高丽青瓷，这是朝鲜制瓷业的最高成就，也代表了朝鲜陶瓷文化的精髓。高丽青瓷的发明，同样离不开对中国制瓷工艺的继承和吸收，除了汲取宋朝浙江越窑青瓷的技艺，还吸收了北方定窑、汝窑等名窑烧造工艺，并结合当时当地的条件，加以融会贯通，创烧出高丽青瓷，使朝鲜瓷器达到鼎盛时期。

高丽王国创建于 918 年，一直延续到 1392 年，在长达 474 年的建国历史中，陶瓷技术突飞猛进，堪称朝鲜半岛陶瓷历史的黄金时代，其中最突出的成就是青瓷制造工艺。高丽青瓷大约产生于 9 世纪末 10 世纪初，在发展中曾两度达到鼎盛，即前期的翡色青瓷和后来的镶嵌青瓷。全罗南道康津郡的大口面一带是高丽青瓷的发祥地，兴起于 9 世纪新罗统一时期，衰落于 14 世纪，分布着 188 个青瓷窑址，五百多年间一直生产青瓷。康津窑场的窑炉结构、装烧工艺、产品造型乃至花样纹饰都受到中国越窑的深刻影响，体现了中朝陶瓷文化交流的历史。

高丽青瓷高雅、美丽、清新，呈青翠的绿青色，又名翡翠色瓷器。高丽青瓷是在中国制瓷技术的影响下产生的，它在发展过程中一直和中国制瓷业保持着千丝万缕的联系。早期的高丽青瓷是一种灰青釉系的青瓷，这一时期的青瓷尚属泥釉系粗青瓷。10世纪晚期，其青瓷釉色呈深绿色调，有时出现黄褐色。大约至11世纪中晚期，高丽青瓷发展到高峰时期，胎质、釉色最优，成品质量最佳。这一时期的高丽青瓷大都仿效宋瓷，其纹样及造型大多沿袭越窑、定窑、耀州窑，以及后来的汝窑、龙泉窑的风格。宋宣和五年（1123），宋朝派遣使团出使高丽都城开城。作为使团成员之一的人徐兢将旅行见闻辑成《宣和奉史高丽图经》，其中描绘了高丽青瓷的釉色之美："器色之青者，人谓之翡色。近年已来，制作工巧，色泽尤佳。"这一时期的高丽青瓷釉色犹如翡翠，比涂金器物和银器都要贵重，纹样精致，其中的精品质量与中国汝窑、定窑不分高下。宋朝名瓷辈出，高丽青瓷能得到宋朝使臣的赞赏，可见其工艺确实精湛。

12世纪上半叶至中晚期的80年期间，高丽青瓷出现了第二次鼎盛，产生了具有鲜明的朝鲜民族风格的高丽镶嵌青瓷。高丽的瓷器工匠不断进行艺术探索，他们将阴刻、阳刻、透刻等雕刻技巧灵活运用到瓷器中，创造出新颖的艺术品。他们采用独特的装饰法即镶嵌法，给瓷器镶嵌各种奇特的花纹，更有效地突出了工艺美，提高了瓷器的装饰效果，开辟了高丽

高丽青瓷象嵌梅竹蒲柳水禽文瓶
（东京国立博物馆）

器独特的境界。镶嵌青瓷是指这类青瓷在釉下有黑白两色作装饰的镶嵌图纹，其装饰方法是先在胎上划出图样，再在所刻槽内填入黑白两色土酱，入窑初烧后，再在素烧的半成品器物之上施青釉经高温烧成。一般认为，这种技法来自高丽金属嵌银丝的习惯，特别是镶嵌的纹样，已经完全脱离了中国陶瓷文化的风格，形成其独特的民族形式。为了突出镶嵌的技法，青釉的透明度有所提高，同时也多显冰裂纹，从此与中国古越窑、耀州窑、汝窑、定窑的青瓷风格迥异，形成了高丽青瓷特有的装饰韵味，装饰效果鲜明绝美，风格沉静典雅，充满艺术气息。

高丽青瓷属宫廷和贵族用瓷，是高丽王朝瓷器的代表作，高丽诗人李奎报赞誉这种珍贵的瓷器"影影绰绰如青玉，玲珑剔透似水晶"。虽然它受到中国唐宋青瓷的深刻影响，但作为朝鲜贵族物质、文化生活的象征，有自身独特的格调和取向。因为只供朝鲜上层贵族享用，器物务求华丽，重质不求量，不惜工本，广泛采用青瓷堆花、透雕、镶嵌、辰砂、描金、铁绘等高难度的精工技巧，几乎每件都是精品佳作。10世纪末至11世纪的高丽青瓷开始呈现深沉的绿玉式格调，刻划花以菊花唐草为主要装饰纹样，造型以典雅清秀取胜。12世纪的高丽青瓷发展达到高峰，釉色综合了汝窑、龙泉窑的工艺特色，产品近似于龙泉窑、汝窑的梅子青、艾叶青、粉青、天青、月白等色，最主要成就在于烧出了美丽绝伦的翡翠色调。器形薄轻乖巧，与雕刻的牡丹、莲荷、唐草、竹节、水禽等图案纹饰巧妙结合，更显和谐与完美。此外还利用砖化铜、辰砂发色等工艺，让高丽青瓷有了富丽堂皇的红色点缀，更受贵族喜爱。

仿生瓷是高丽青瓷的特有品种，人物、鸳鸯、狮子、鸭子、麒麟、龙凤、鱼龟等动物形象的水注、砚滴、香熏、笔架等和南瓜、石榴、竹节、荷花、葫芦等植物形象的各式器皿，栩栩如生，精雕细刻，反映出高丽民族崇尚自然的艺术传统。

　　可惜到了 13 世纪，高丽青瓷的质量每况愈下，纹样过于单调粗糙，曾经普遍流行的云鹤纹、薄柳纹也极为简略，釉质也大不如从前。高丽王朝灭亡后，高丽青瓷也不再烧造，被随后的朝鲜时代（1392—1910）创烧的表面呈白色的白瓷和粉青沙器所取代。

高丽青瓷透雕唐草文箱（东京国立博物馆）

这一时期的陶瓷与高丽时期的陶瓷相比，花纹简洁，外观粗糙。朝鲜陶瓷的制作方法也在此时传到了日本。尽管高丽青瓷的历史不及五百年，但是世人对它的美称赞不已，北宋太平老人在《袖中锦》中如此描述，"高丽秘色，天下第一，他处虽效之终不及"，可见高丽王国的青瓷技艺已达到顶峰。大韩民族的智慧充分体现在高丽青瓷中，代表了一个充满创造力和不懈艺术追求的时代。

　　无论是新罗烧还是高丽青瓷，都从中国外销朝鲜半岛的历代青瓷精品中汲取养分，再结合本国土壤原料、制瓷技艺和装饰艺术，最终形成具有民族特色的产品，并使高丽王国由一个陶瓷输入国，迅速发展成为东亚贸易圈中较为主要的陶瓷输出国。有学者认为高丽青瓷是以浙江越窑为代表的中国青瓷文化东传朝鲜半岛并高丽化的产物，烙印着中朝两国陶瓷文化交流的印记。高丽青瓷的精湛工艺和装饰水平凝聚了朝鲜民族的智慧和创造力，推动了世界青瓷制造技艺的发展，在青瓷发展史上永远占有一席之地。

　　日本人是世界各国公认最好的学生，他们既是善于学习外国先进经验的拿来主义者，又是极为成功的改良主义者，这段评价放在日本陶瓷制造历史同样适用。

　　有人这样描述中国、朝鲜与日本在制瓷技艺上的历史渊源："朝鲜是日本陶瓷之母，中国是日本陶瓷之父。"一语道出了中国、朝鲜对日本制瓷的深刻影响，如果没有中朝两国陶瓷的输入和技术的传播，也没有辉煌的日本瓷器历史。尽管日本陶瓷历史可以追溯到1.2万年前的绳纹土器，但是直到公元5世纪，朝鲜半岛的制陶技术传入日本，才出现了须惠器和自然釉。工匠采用快轮制法，在狭长而有倾斜度的登窑中烧成温度在1000度以上质地坚硬，呈青灰色的陶器，往往有自然釉附在表面，这是日本首次生产出的带釉陶器，器型富于变化，主要为壶、瓶、盘、碗、杯、高脚杯等。

　　唐代中日交流更加频繁，双方互派使者，互通有无，贸易往来和文化交流鼎盛。日本考古工作者在福冈、奈良、广岛等地都发现唐代中国著名瓷窑的产品，如河北邢窑、定窑，浙江越窑，湖南长沙窑和河南巩县窑的白瓷、青瓷、釉下彩绘瓷器和三彩陶器。10—13世纪的日本依然是中国外销瓷的主要海外市场之一，本州、九州、四国沿岸及中心地带出土了宋元时期的青白瓷、青瓷、黑釉瓷、褐釉瓷及低温绿釉、三彩等，分别产自江西景德镇窑、赣州窑、吉州窑、浙江龙泉窑、福建诸窑。明清时期我国制瓷技艺进一步提高，中日两国交往更加密切深入，青花瓷、五彩瓷成为这一时期主要外销日本的瓷器，对日本制瓷业的兴盛发挥了重要影响。

众多中国外销瓷的输入，刺激了日本陶瓷业的发展，在很长一段时间里，日本陶瓷业是以仿制中国瓷器为主的，无论从装饰还是器型，取材还是烧制，都是直接或间接复制中国瓷器，在仿制中逐渐形成了自身的特色，发明了新的瓷器品种。

奈良三彩

唐三彩是中国唐代盛产的一种以黄、褐、绿三色为主的低温釉陶器，色釉有浓淡变化、互相浸润、斑驳淋漓的效果，融合了中国国画、雕塑等工艺美术特点，产品色泽艳丽，人物、动物造型生动逼真，富有生活气息。作为大唐盛世的制陶工艺精华，唐三彩融合了中外文化元素，体现了唐朝开放包容的人文精神，以独特的艺术成就树立了唐代陶瓷史一个划时代的里程碑。随着对外贸易和文化的交流，唐三彩的制造工艺也传入中亚、西亚和东亚地区。在唐三彩的影响下，波斯三彩、伊斯兰三彩、新罗三彩、奈良三彩等带釉陶器应运而生，其中奈良三彩、新罗三彩和波斯三彩还被誉为唐三彩的姐妹花，是唐代三彩制陶文化传播海外呈现的异域三彩。

奈良三彩出现于日本奈良时代（710—794），是日本文化全盘唐化背景下的产物。这一时期的日本积极引进唐朝文化，派遣遣唐使、遣唐僧到中国学习先进文化和艺术，同时大批留学生和从事专门技艺的人才在中国学习各种手工艺制作。奈良三彩就是由在中国学习的工匠将唐三彩的一整套制作工艺，包括釉药的成分比例及配釉的方法带回日本后烧制的，至今在日本正仓院还保存有唐三彩制作的配方。因此

奈良三彩壶（日本桥本市观光协会）

奈良三彩在造型上不仅与唐三彩十分相似，而且其鲜艳流淌的釉面、光艳美丽的色调也十分接近唐三彩器物。奈良三彩最著名的传世品是日本东大寺正仓院收藏的57件奈良三彩，为日本皇室御用之物。

在模仿唐三彩的基础上，日本工匠也融入了本国的民族文化和审美情趣，因为日本人崇尚白色和绿色，奈良三彩多以绿色为主色调，一般为绿、黄、白三种色调，少量为绿、白二色，体现了日本人向往内心的清静，以及日本人内在的宗教情怀。区别于唐三彩主要用于殉葬，奈良三彩多为皇室、寺院专用品，主要用于祭祀场所，在大阪、福冈、滋贺等地奈良时代的宫殿、官衙、寺庙、神社、祭祀遗迹中屡见出土。加工精细、器壁薄、重量轻，器型较为单一，多为盘、瓶、高脚杯，以实用为主，双面施釉，不渗水。据史书记载，日本圣武天皇天平胜保四年（752）为东大寺举办佛教仪式时，使用的祭祀礼器也正是奈良三彩陶器。

濑户天目

日本进入平安时代（794—1185）以后，又从中国传来白瓷和越州窑的青瓷，而且都是日常生活用品。自此，日本的陶制餐具从原先模拟金属品的须惠器、三彩陶器，开始转向模仿中国青瓷的餐具样式。

在镰仓时代（1185—1333），日本推崇从中国进口的"唐物"，形成了独特的审美和价值观。在此文化背景下，濑户、美浓的窑口大量模仿中国陶瓷器进行生产。到了室町时代（1338—1573），除了濑户以外，信乐、常滑、丹波、备前、越前等地窑场也能制造陶器，被称作日本的六大古窑。从室町时代后期开始，日本茶道文化盛行，陶器制作被赋予了特有的和式审美趣味，日本本土陶器的地位大大提升，在此过程中出现了成功仿制中国宋代黑釉瓷器的濑户天目。

如本书第二章所述，日本所指的天目瓷就是中国宋代的黑釉瓷，而濑户天目就是濑户窑仿烧的黑釉器皿。自宋代建窑、吉州窑黑釉茶盏传入日本后，日本人就对这种幻如天目的黑釉瓷赞赏不已，奉为珍宝，日本工匠也为之着迷，不断探寻烧制配方。南

濑户菊花天目茶碗（大正名器鑑）

宋嘉定十六年（1223，日本为镰仓时代中期），有一位名为加藤四郎的陶艺师为了找寻制作黑釉瓷器的秘方，跟随道元禅师漂洋过海来到中国浙江天目山天童寺。道元禅师回国后成为日本佛教曹洞派的创始人，加藤四郎在中国潜心学习了五年制陶技术，回到日本以后，在尾张、濑户等地研制黑釉陶器，这些黑釉器皿仍是低温烧成的陶器，并非中国宋代高温烧制的黑釉瓷。尽管如此，这种黑色釉的陶器对日本陶瓷历史而言已是一大进步，加藤四郎因而被尊奉为"陶祖"。这一时期盛行斗茶之风，日本国内尤其是贵族阶层极为推崇黑釉茶具，更推动了黑釉陶器的技术革新。经过几代陶工的不懈努力，到室町时期，濑户窑生产的黑釉器皿已非常成熟，根据釉色可分为白天目、黄天目、灰被天目、菊花天目等，尽管这些天目瓷的光感和玄深之境无法与中国建窑的黑釉盏相比，但是已属上乘的仿烧品，被日本陶瓷界尊称为濑户天目，后来被日本政府定为国宝级文物。由加藤四郎从中国带回的黑釉陶瓷烧制工艺，最终在日本濑户窑仿烧成功并大量生产，不仅满足了日本国内市场对黑釉茶具的需要，也让中国制瓷技艺和饮茶风尚更加广泛地传播到东亚地区，成为中日文化交流史上的一段佳话。

伊万里瓷

日本真正的瓷器诞生于江户时代（1603—1867）初期，而其

起源竟然是一场对朝鲜发动的战争。据说1590年丰田秀吉统一了日本，经过多年战争纷扰重获安宁的武将们开始流行饮茶。而日本茶道的鼻祖千利休将中国茶道文化民族化，并将茶道融入日本文化的各个方面，影响深远。千利休最推崇的就是高丽茶碗，因此丰臣秀吉也对高丽青瓷非常钟爱，进而引发了1592年出兵朝鲜半岛的军事行动，并下令把朝鲜的陶工带回日本。这场战役日本称为"庆长·文禄之役"（因当时日本年号之故），朝鲜称"壬辰卫国战争"（因1592年为壬辰年之故），中国称"万历朝鲜之役"（因当时明朝年号之故）。

这是日本首次发动的海外侵略战争，共有1000多名朝鲜工匠被抓回日本，在九州附近的窑场烧制瓷器。当中有一名叫李参平的朝鲜陶工，最初在佐贺县炼胚烧瓷，但是当地的土质并不适合生产。他开始在全日本范围内寻找瓷土，终于在有田的泉山发现了优良的白瓷矿。这一年是1616年，李参平在有田窑场开窑烧瓷，以此处为中心，周边窑炉兴盛，制瓷业迅速发展起来。有田烧是日本最早研烧的白瓷，这种既薄又轻的瓷器，质地结实，开启了日本制瓷业的新里程，从此日本瓷器结束了完全依赖进口的时代，李参平因此被尊称为日本白瓷鼻祖。

有田位于日本九州西北部，即古代的肥前国，现属佐贺县。有田烧是西松浦郡有田町为中心的诸窑的总称，又称有田系。有田烧的产品经北方12公里的伊万里港运往欧洲，且肥前一带窑业多在伊万里商人的控制之下，因此，有田烧生产的瓷器又称为伊万里瓷。有田烧最初生产的白瓷只是纯白的瓷器，没有任何彩绘装饰。这种白瓷也是源自朝鲜高丽青瓷烧造工艺的影响，随着大量中国明代瓷器尤其是景德镇青花瓷进入日本，日本工匠开始彻底学习中国的瓷器烧制技术，瓷艺突飞猛进。

明代正德初年，日本伊势人五良太浦来到中国，取名吴祥瑞。他在景德镇居住了五年，潜心学习制造"素肌玉骨"的青花瓷，掌握了青花料的运用和烧成温度，回国后在肥前的有田附近开窑，大量烧制青花瓷，铭刻"吴祥瑞"或"五部太夫祥瑞"，伊万里窑成为青花名窑，器物的造型、纹饰、釉色都是模仿中国万历青花瓷风格。

还有一位名为喜三右卫门的工匠，从经常出入日本贸易港口长崎岛的商人手中得到了中国赤绘的调色法，经过反复的试验，他在正保三年（1646）用赤绘技术成功烧制出日本第一件彩绘瓷器，在大片的余白上，用青蓝色或者红色描绘艳丽的图案，形成独特的日本彩瓷风格。这种彩瓷之所以会产生一种既明亮鲜艳又典雅脱俗的感觉，关键在于表层的独特白色。瓷土经历大概 40 个小时 1300 度的高温烧制，才会产生柔和的白色，这种白被形容为"浊手"。所谓浊，用当地的方言来说就是淘米水，在其之上画出瓷器所独有的彩色精致图案，再放进窑里烘烧，在浊手之白上，各色颜料尽显其魅力，仿如在纯白的画纸上描绘水彩画一样，充满透明感。喜三右卫门付出了 30 年的心血，才成功研制出第一代日本彩瓷。这位初代柿右卫门和他开创的柿右卫门彩绘瓷器一起被载入了日本陶瓷的史册。

明末清初，因国内局势未稳，清政府实行禁海政策，中国的外销瓷生产和出口受到严重影响，欧洲各国无法在市场上找到中国瓷器产品。荷兰东印度公司不得不将目光转向日本的有田瓷器。有田的窑场最初的生产完全是面向国内需求，万治二年（1659）收到荷兰东印度公司的大量订货，趁机扩大生产，暂时取代中国瓷器销往欧洲，开拓了欧洲市场。当时出口的伊万里瓷中有以景德镇瓷器为样本的，也有按照欧洲一些陶器的造型烧制而成的餐具、水器和酒具，青花瓷占有相当大的比例。例如模仿中国克拉克瓷，烧制出日本的芙蓉手瓷盘，受到西方顾客喜爱。1670—1690 年，柿右卫门样式的彩瓷也受到欧洲市场青睐，欧洲工匠甚至开始仿制日本瓷器。1684年，清政府解除海禁，重开海贸易政策，景德镇瓷器得以重新出口，销量激增，与日本伊万里瓷器在欧洲市场角逐。面对已取得普遍好评的伊万里样式，景德镇窑也开始仿制，产品被称为中国伊万里瓷。

面对历史悠久、技艺精湛的中国景德镇瓷器，伊万里瓷很快在抗衡中败下阵来，加之欧洲各地窑场开始纷纷研制瓷器，伊万里瓷在欧洲的竞争力迅速下滑。大约在1757年，伊万里瓷向欧洲的出口正式落下帷幕，结束了将近一个半世纪的辉煌。伊万里瓷的成功烧制，对日本制瓷历史而言意义重大，它标志着日本结束了完全依赖瓷器进口的历史，开创了瓷器生产本土化的历程。伊万里瓷一投入生产，适逢中国明末清初海禁时期，获得了进入欧洲市场的绝佳时机，可谓一举成名，加速了日本成为瓷器出口大国的进程。伊万里瓷和中国外销瓷

中国伊万里瓷（广州博物馆供图）

在十七八世纪传入欧洲，对欧洲制瓷业的兴起，尤其是德国的迈森窑、法国的塞夫勒窑、英国的切尔西窑产生了巨大影响，共同推动了世界陶瓷工艺的繁荣与发展。

有田烧成功烧制出日本第一件真正意义上的瓷器之后，日本陶瓷业蓬勃发展。柿右卫门、色锅岛、古九谷、七宝烧、京烧、清水烧、萨摩烧等本国独特的彩绘瓷器产生，使日本彩绘瓷器丰富多彩并形成了独特的器型和图案风格。明治时代，日本陶瓷在筑窑、成型、釉药、绘料、绘法方面引进西洋新技术和材料，在明治维新之后加速发展，仅仅百余年便成为世界陶瓷王国。

纵观日本瓷器几百年的发展史，模仿与创新是其永恒的主题。从传入日本的中国和朝鲜外销瓷中汲取养分，为我所用，潜心模仿，在模仿中逐渐融入本国的文化精髓，最终成就了日本的陶瓷王国众多品牌。今天的日本陶瓷，已经具有了鲜明的民族特色，体现出充分的民族自信。

造型千变万化，不拘一格，是现代日本陶瓷的特色之一。在保证实用功能的前提下，陶瓷艺术家打破常规，不讲究对称与程序、规矩与平衡，追求器型奇异别致，通过表面肌理装饰，材质和釉水的综合运用，充分表达设计者的理念，体现独特的文化底蕴。日本陶瓷看似不完美，其实是在有缺陷地传达日本陶瓷的艺术审美观：美不只在一件器物的形态，而是欣赏者在感知中审美情绪的延伸。

除了造型奇特，日本民族特有的装饰风格是日本陶瓷形成强烈辨识度的关键。首先由胎体色泽、表面质感和颗粒感共同构成日本陶瓷胎体的特色，选择最合适的胎体材质，在坯料中加入富含铁、锰的矿物原料和颗粒料，采用还原气氛烧成，使胎体表面留下自然变化效果。再用手工在坯胎上做出螺旋纹、网纹曲线、不规则线条以及块面等肌理效果，随意自然，充分发挥了陶艺工匠的创意和灵感。

和风装饰，更突出地反映在日本陶瓷对红、黑、蓝、绿等个性色彩的大胆灵活运用上。在设计瓷器的釉色时加入一些特殊成分，使釉在高温下与坯体的化学成分发生反应，呈现出古朴自然的效果。有时只是简单的几笔，也造成了别有趣味的艺术效果。粗犷中不失精致，随意中更显匠心，这就是和风艺术的千变万化带给我们的感受。陶瓷文化已经完全融入了日本人的生活，成为了一种展现其生活哲学和艺术审美的特殊途径。

陶瓷文化已经完全融入了日本人的生活，成为了一种展现其生活哲学和艺术审美的特殊途径。古人云："美食不如美器。"日本人秉承类似的观点，认为美食健壮人的体魄，美器则健全人的心灵，因此作为主要食具的瓷器极其重要。他们非常讲究日用瓷器的使用场合与欣赏方法，一般的日本人家庭都有至少四、五套的成套日用瓷器餐具，根据一年中春、夏、秋、冬的四季变化，使用不同风格的瓷器制品，盛放适应不同季节的食物，在品尝食物的同时，也品味餐具带给他们不同的情绪和体验。

三 后起之秀欧洲名瓷

　　欧洲，在地球的另一端，与中国相隔着海洋和陆地，有万里之遥。后来人们常用东方与西方来区分地球两端的国家和地区。东方和西方的人们有着不一样的生活习惯，不一样的肤色，不一样的文化。然而，即使是如此迥异的地区，借助航海与贸易，也逐渐连接在一起，中国外销瓷就是其中一种特殊的纽带。

　　地理大发现的伟大历史作用之一，即是西方航海国家来到了东方，开始了商品贸易和文化交流。中国瓷器作为16世纪以后全球化贸易中的热销商品，逐渐被输入西方国家，从王室贵族到平民百姓，都被它深深地吸引。如本书第二章所言，中国外销瓷进入海外诸国后，引发了一系列的文化碰撞，改变了人们的生活习惯，掀起许多新的社会风尚，激发新的技术革新和艺术风格。中国瓷器犹如最活跃的文化使者，它们承载着中国独有的制瓷技术、独特的东方文明，仿佛开启了西方了解东方的一扇窗。

　　欧洲人在惊叹之余，也开始了他们的探索之旅，制瓷秘方成为了所有人梦寐以求的宝物。然而由于相隔万里，文化迥异，以及日益激烈的商业战争，欧洲人的制瓷之路荆棘满布。随着东西方交流的日益频繁，中国制瓷技术最终传到西方，改写了欧洲制瓷业的历史。短短三百年间，欧洲制瓷工厂不断涌现，从最初的仿制中国瓷器，到自创品牌，烧制出具有欧洲特色的产品。回顾欧洲制瓷业的历程，就是一段东西方国家借助瓷器贸易，跨越万里重洋进行文化交流、融合的历史，也是全球化背景下东西方文明共同创造的陶瓷艺术史。

东方珍宝引发的无止境探索

在中国外销瓷进入欧洲市场之前，欧洲人日常生活使用的都是石质、陶质的器皿，只有王室和贵族可以使用金银或玻璃等贵重材质制造的用具。16 世纪，当欧洲大帆船装载着轻薄、光洁、莹润、透亮的中国瓷器漂洋过海抵达欧洲以后，引发了所有人的惊叹：这种器皿比石器、陶器都要硬，不易剥落、掉屑、耐高温，不褪色，洁白，声脆如铃，在强光照射下呈现出神奇的半透明状……整个欧洲社会都为之疯狂了：这究竟是如何制成的？来自精磨细雕的石头？还是如马可·波罗所说，用贝壳、蛋壳或石头磨成的粉末制成的？这与他们使用了一辈子的粗糙厚重的低温陶器相比，实在是太不一样了，精致光滑轻薄细腻的中国瓷器从何而来？各种赞叹、惊奇、迷惑、不解，萦绕在每个欧洲人的脑海。

尽管这种来自东方的珍器比金银还要昂贵，欧洲人还是疯狂地抢购，不惜为之倾家荡产，因为这不仅是那个时代最有吸引力的进口商品，它还来自中国——一个据说当时世界上最发达、最富有的神秘东方国度，也只有这个国家才掌握了制瓷的技术。拥有中国瓷器，成为财富和地位的象征。欧洲社会对瓷器的需求推动了全球化贸易的进一步发展，一艘艘巨舶来往穿梭在海面上。与此同时，欧洲的王室下令，千方百计收集制瓷信息，全欧洲的科学狂人都在找寻制瓷工艺，不断地用各种石料，按不同的配方进行实验。由于无法找到正确的制瓷原料和配方，欧洲人仿制瓷器的道路坎坷不平。制瓷工艺如迷雾一般，笼罩在 17 世纪的欧洲上空。

实际上中国陶瓷最早的欧洲仿制品不是瓷器，而是一种名为代尔夫特的锡釉陶器。葡萄牙、西班牙的陶工都可能研制过，但是第一个大规模生产和销售这类中国瓷器仿制品的国家是荷兰，因此也以荷兰的代尔夫特命名这种锡釉陶器，然而这种技术后来却被英国和法国广泛应用。

代尔夫特位于大航海时代崛起的海上贸易强国荷兰的南荷兰省，地处海牙与鹿特丹之间，曾经是荷兰东印度公司的六大据点之一。16世纪末17世纪初，中国青花瓷输入荷兰，迅速风靡欧洲，代尔夫特人最先仿制出一种以青白花为主的陶器。发展到18世纪，代尔夫特已经成为欧洲著名的陶瓷制造中心。据说在1584年（明万历十二年），荷兰皇室通过西班牙、葡萄牙向景德镇订购青花瓷和白瓷9.6万件，此后荷兰国王就萌生了仿制中国瓷器的念头。1610年左右，荷兰东印度公司商人根据皇室的旨意，从景德镇等地采购了白瓷釉和青花颜料，由皇室出资筹建皇家代尔夫特陶瓷厂，雇请荷兰制陶名匠开始仿制中国青花瓷。经过反复试验，生产出白釉蓝花精细陶器，这种陶器与青花瓷相比，还是有着根本的区别，还属于低温烧制的陶器，但其白底蓝花的釉色已接近青花瓷的色彩，又是欧洲本地生产，图案和款式有自身的设计风格，这种新产品成本也较低，一经推出就受到欧洲市场的欢迎。

1647—1665年，中国正值明末清初，战乱未平，瓷器贸易被迫暂时中止。荷兰东印度商人无法在市场上找到中国瓷器。为满足市场需要，荷兰商人一方面到日本找寻中国瓷器的替代品，另一方面代尔夫特的皇家陶瓷厂加快仿制中国青花瓷，就在这个时段，被称为"代尔夫特蓝"的青花白陶器在欧洲市场崛起，这种陶器已具有中国青花瓷的神韵，但仍不属于高温瓷器质地。直到18世纪中国制瓷技术传入欧洲以后，代尔夫特瓷工掌握了在瓷土中添加氧化铝较高高岭圭的秘方，才最终烧制出超过1000度高温的青花瓷。

代尔夫特皇家陶瓷厂生产的锡釉蓝陶器皿，成为欧洲陶瓷业的新的里程碑，代尔夫特陶器迅速风靡欧洲，这种制陶技术也很快传遍各国窑场，厂商们纷纷仿制中国瓷器的样式和图案。但是这些陶器毕竟无法媲美中国外销瓷，这就意味着人们必须继续寻找一种更精确的制瓷配方。

来自瓷都景德镇的密信

通过来华贸易各国商人的描述，欧洲人逐渐知道了最精美的中国瓷器来自一个被群山环绕的小镇——景德镇，这里孕育了让世界震惊的青花瓷。他们不惜一切代价，费尽心思地收集一切关于这个世界瓷都的消息，甚至派出商人和传教士到中国打探商业机密。

景德镇位于江西省东北部，地处黄山、怀玉山余脉与鄱阳湖平原的过渡地带，距离当时中外贸易商港广州约 1000 公里，两地被崇山峻岭所隔。也许正因为最高超的工匠和最顶尖的制瓷工艺都汇聚在这个遥远而偏远的小镇，即使中国外销瓷早已从景德镇运往广州，再从广州远销海外，外国人对中国制瓷技术仍不得而知。

景德镇的名字，源于宋真宗在景德年间（1004—1007）的赐名。在此之前，这个小镇名叫昌南，生产的瓷器釉色已接近珍贵的玉器，被同时代的人称赞为假玉器。唐高祖武德年间下诏此地"制器进御"，此后对该镇的征调一直没有停止过，并且设置监务所督理陶务。北宋景德年间，昌南镇遵照朝廷旨意进献了一批御瓷，质量空前，无比精美，器底书"景德年制"四字。当时的皇帝赵恒非常欢喜，特赐镇名"景德"，从此这个小镇扬名中土。明清时期，景德镇更因外销瓷贸易的兴盛而声名远播海外，成为世界瓷都，出现"匠从八方来，器成天下走"的繁荣景象。

就是这样一个小镇，汇聚了当时中国最顶尖的工匠，掌握了最高超的制瓷技艺，多少个鬼斧神工一般的瓷器精品在此悄然面世。就是这样一个小镇，吸引了世界的目光。有一首 17 世纪流行欧洲的诗歌，描绘了当时欧洲人对中国瓷器的迷恋：

> 去找那种瓷器吧，
> 它那美丽在吸引我，在诱惑我。
> 它来自一个新的世界，
> 我们不可能看到更美的东西了。
> 它是多么迷人，多么精美！
> 它是中国的产品。

    本书第二章介绍青花瓷传入欧洲以后引发的中国热，叙述了欧洲社会对中国瓷器的狂热追捧。各国都想派人进入中国景德镇探听制瓷方法，可惜他们连进入中国沿海港口的试探都被封锁，何况进入内陆小镇。

    18世纪末美国诗人朗费罗（Henry Wadswoeth Longfellow）写下一首长诗《陶瓷》，描绘了他"遨游"世界各地著名瓷窑的梦幻之旅，其中对中国制瓷名都景德镇这样写道：

> 掠过沙漠和海湾，掠过恒河，掠过喜马拉雅，
> 我像鸟儿飞翔，唱着歌儿飞向花团锦簇的中国，
> 在景德镇上空，我像鸟儿盘旋，
> 那是一座仿佛在燃烧的城市，
> 三千座火炉火焰升腾，
> 空中烟雾缭绕，红光直冲云霄。

    朗费罗虽然没有亲历景德镇，亲眼目睹那座仿佛在燃烧的城市"三千座火炉火焰升腾"的盛况，但是他的描述并非是凭空想象的，

中外商人对景德镇制瓷的口耳相传以后 18 世纪以来来华外商和传教士的记载成为诗人创作的源泉。实际上,早在明代末年,景德镇就被中国人戏称为"四时雷电镇",而最早赋予它这一响亮名号的是嘉靖年间(1522—1566)的督运官王世懋(1536—1588)。王世懋出生于以衣冠诗书著称的太仓王氏家族,是明后七子领袖王世贞之弟。嘉靖年间他奉命到御厂督运岁解时,形象而生动地记述了当时景德镇瓷业的盛况。他在《纪录汇编》里这样写道:"天下窑器所聚,其民繁富,甲于一省,余尝分守督运至其地,万杵之声殷地,火光烛天,夜,令人不能寝,戏之曰:四时雷电镇。"由此可以窥见明代景德镇制瓷业的繁盛:上万人在镇上捶打瓷土,响声震地;烧造瓷器的窑场火光冲天,黑夜犹如白昼,这是一个我们难以想象的巨大的制瓷手工业作坊,成千上万的工匠聚集在这里,除了生产皇家用瓷的御窑场,还有许多为国内市场和海外市场提供大量瓷器的民窑。王世懋把这个震耳耀目的市镇称为"四时雷电镇",实在是形象生动。景德镇可谓世界上最早的工业城市之一,在工业革命爆发之前,这里的工匠已经在高度专业、有效分工的工业化程序中生产大批量的瓷器,这是传统家庭小作坊无法相提并论的。成百上千的窑场彻夜烧窑,把景德镇变成了一座不夜之城!

　　一位名叫殷弘绪(Père Francois Xavier d'Entrecolles)的天主教耶稣会法国籍传教士历经千辛万苦,最终来到了景德镇。他是康熙皇帝授意白晋神甫(Joachim Bouvet)从法国招募来华的传教士之一,他从厦门进入中国后,首先接受了汉语培训,1698 年开始被安排负责饶州地区的传教活动。康熙四十八年(1709),他通过与江西巡抚郎廷极的私人关系,将法国葡萄酒进呈康熙皇帝,讨得康熙的欢心和信任,得到朝廷的庇护获准长驻景德镇。殷弘绪在景德镇居住了 7 年,被准许自由进出当地的大小作坊,得以深入了解窑场制造瓷器的各项工序与技术。康熙五十一年（1712）和康熙六十一年（1722），殷弘绪两度将其在景德镇观察与探听得来的瓷器制作细节以及相关样本写成报告，寄回欧洲的耶稣会。在1712年写给法国传教士的信中，他详细介绍了瓷器的原材料和瓷器的制作方法。殷弘绪重点介绍了制瓷的两种原料：胚胎子土和高岭土，指出高岭土在制作瓷器中的绝对重要性，只有加入了高岭土才能烧造出精细的瓷器，他将高岭土比作瓷器的肋骨。他还介绍了各种釉料的提炼和使用方法、瓷器的制作流程和窑厂建设的要点。1717年，殷弘绪又将高岭土寄回欧洲，在欧洲掀起了一股寻找高岭土、仿制中国瓷器的热潮。法国工匠据此秘方用找到的高岭土潜心试验，最终成功仿造出瓷器。

殷弘绪的两封密信传回欧洲后，被刊登在欧洲的《专家杂志》上。这也许是中国制瓷技术第一次被欧洲人系统记录并公开发表，其科学性和系统性绝非马可·波罗游记性质的记载能相提并论。这两封信使欧洲各国很快接受了中国的制瓷技术，各地陶瓷工厂如雨后春笋般设立，推动了整个欧洲瓷器工业的快速发展。英国著名的历史学家阿谢得对此作出评价："18世纪耶稣会士带回更多的中国技术资料并被采用，欧洲才生产出真正的瓷器。"尽管殷弘绪对制瓷釉料的配制材料、比例的记载未必完全正确，但是他作为首位亲历景德镇窑场、揭秘世界瓷都制瓷奥秘的欧洲人，他对欧洲制瓷业作出的贡献确实意义重大。他也是18世纪中西方文化交流的使者，推动了西方世界对中国制瓷工艺的认识和了解，促进了东西方文明的融合与发展。

外销画描绘的制瓷过程

除了贸易商人和传教士的文字记载，十八九世纪欧洲人还有什么途径了解中国制瓷呢？当时还有另外一种更直观、清晰的信息，那就是清代外销画中的制瓷图连环画。

　　如本书第一章第一节所介绍的，外销画是十八九世纪中国出口到欧美国家的一种独特外销商品，因其多以描绘中国的市井百态、港口风光、风土人情、花鸟植物为题材，深受西方顾客喜爱，是摄影术发明之前西方人了解中国社会最直观、生动的物质载体，因此常被来华的外国商人、水手作为馈赠亲友的最佳礼物选购回国。外销画中有一类特殊的题材，即反映外销瓷器的生产过程，把包括挖土、制胎、上釉、烧制、运输、洋商洽谈、订货、出售、装运出洋的每一个步骤，绘制得细致入微。这类制瓷图连环画是当时的外销画画师参考中国历代古籍中的插图创作而成的，后者是实地考察和细致描绘的图像，并非完全凭空想象，可视为景德镇瓷器制作过程实录。这些描绘外销瓷制作过程的外销画是什么时候开始出现的呢？如今我们难以考证，但是很显然是源自西方市场的需求。为了西方顾客的需要，在原有摹本之外，特别增加了与洋商交易、包装运输、装运出洋的画面，以突出外销商品生产、销售的全过程，这是传统中国绘画不会涉及的内容，说明这是专门为海外顾客所绘制的图画。这些外销画册上还有中英文标题，甚至有详细的英文解说，突出了这些画作的外销性质，也更能满足西方顾客对中国瓷器生产和销售过程的好奇与兴趣。这类画作因描绘瓷器制作过程而变得独特，不仅具有艺术性，也让海外顾客得以窥见中国外销瓷的生产全过程，对欧洲制瓷业而言具有极其珍贵的商业价值。当时欧洲社会正费尽心思收集中国制瓷信息，制瓷图连环画应运而生，显然是因应某些机构或某些人的需要而特别绘制的，如外销瓷中的订烧瓷一样，可以称之为订制画。除了制瓷图，还有制丝图、制茶图，囊括了当时最热销的三类外销商品。

　　制瓷图连环画传世数量不少，据不完全统计，在瑞典、法国、美国、英国、荷兰、德国和中国香港的博物馆、图书馆、美术馆和私人收藏家手中共有20多个版本。作为外销画的一种，这些画作大部分已无法查明画家、作坊，也不具年款，多为相互临摹、复制的版本。根据收藏年代、流传经过或画面描绘的景物信息，有学者研究得出这些制瓷图连环画年代最早的是雍正八年（1730），最晚约为道光五年（1825），大约是18世纪上半叶到19世纪上半叶约一个世纪，这与外销画主要产地广州商港的贸易鼎盛期以及欧洲社会追寻中国制瓷技术的时期都是吻合的。制瓷图连环画大都可以分成两部分，前半部分主要绘画景德镇制瓷过程：如陶瓷原料的开采和处理、瓷坯成型、绘画青花、上釉、烧窑、釉上彩、束草装桶、祀神等。后半部分主要描绘产地景德镇以外的瓷器贸易场景，如订货、请酒、议价、催货、水陆运输、广州货仓、点收、红彩、装箱、销售等。外销画的绘制工匠都是广州人，画坊又在广州，即使他们参考了书籍中的制瓷图，也不可能对景德镇制瓷工序有亲身接触，因此连环画前半部分对景德镇窑场的工艺细节、工具配件难免有些误解或误差，甚至也有一些臆测想象。比如画中的建筑物，无论是在景德镇抑或在广州，全部都是岭南地区的建筑风格，砖建水榭、回廊等，并非完全写实。而后半部分关于广州瓷器贸易的描绘基本是准确真实可信的，画中可见珠江沿岸景物如花塔、镇海楼、海珠炮台、东炮台、税关等，还有外国商人到瓷器店选购瓷器的情景，如同后来才发明的照相机功能一样，真实地记录下了历史的瞬间。

即使存在着某些偏差，这类制瓷图也已经让欧洲社会如获至宝，画中蕴涵的丰富信息不是一般外销画所能比拟的。它们既满足了十八九世纪绝大部分欧洲人对中国瓷器制造的强烈好奇心，更提供了瓷器制造流程和基本要点，对于正处于起步阶段的欧洲各国制瓷业，无疑具有某种类似于行业指南的作用，甚至被视为商业机密的图像资料而珍视和珍藏。

欧洲瓷器的诞生

在法国人派员深入中国瓷都找寻制瓷秘方的同时，德国人已经加快了他们的制瓷实验，一步步接近成功。

欧洲瓷器的历史最终在 18 世纪初的德国迈森翻开了第一页，而瓷器得以研发成功，居然因为一项有趣的工业试验。1700 年，18 岁的约翰·弗里德里希·伯特格尔（Johann Friedrich Böttger）在威登堡被捕，随即在奥古斯都大力王（Augustus the Strong，即萨克森选帝侯）的命令下被带往德累斯顿。伯特格尔并没有犯罪，那他为何被捕呢？原来，奥古斯都听说这名年轻的炼金师能从普通材料里提炼出金子，为了得到这些金子，他派人把伯特格尔关了起来。

可怜的伯特格尔就这样被关进德累斯顿的监狱，进行着毫无结果的实验。1703 年，他找寻各种机会逃往布拉格，不幸还是被抓住又送回了监狱。这个时候，一名正在破译制瓷秘密的学者埃伦弗里德·瓦尔特·冯·契恩豪斯（Ehrenfried Walter von Tschirnhaus）找到了伯特格尔。契恩豪斯花了至少二十年时间寻找烧制纯正瓷器的秘诀，尽管已有一些进展，但仍无法生产出真正意义的瓷器，他欣赏伯特格尔的才能，极力动员伯特格尔与自己合作，共同攻破当时整个欧洲都在为之困惑、焦虑的难题。

1705 年伯特格尔来到迈森加入契恩豪斯的队伍，但是他仍然没有脱离奥古斯都的监视。1706 年瑞典人攻占了萨克森，他们被迫中断了一年的试验。第二年 9 月，伯特格尔被带回德累斯顿，并在一座城堡中拥有了属于自己的一间实验室。仅仅四个月之后，他就成功研制出瓷器的实用配方。1709 年，德累斯顿实验室开始生产瓷器，次年在莱比锡复活节集市上出售了第一批产品，整个欧洲震惊了！也就是这一年，奥古斯都在迈森成立了一家皇家瓷器工厂，从 1710 年起迈森皇家瓷器工厂开始大规模地生产瓷器。

让我们看看 1710 年 1 月 10 日奥古斯都向全世界宣布迈森工厂发现瓷器奥秘的公告："我们的工匠也能够提供足够的白瓷样本，有的上釉有的不上釉，证明由我们的土壤提取的材料，能够用来制造瓷器，这种瓷器的透明度及其他品质，可与东印度来的瓷器媲美；所有的一切使我们相信，只要经过适当的处理，这种白色瓷器将能超过东印度的瓷器，正如红色陶器已经证实的那样，不仅在美观和品质上，而且在形状的多样化和制造大型器物如雕像、石柱和套装餐具的能力上，均已超过东印度的红陶。"

我们不难从中体会到当时德国人的兴奋、喜悦、自信与骄傲，这是令整个欧洲沸腾的重大科技发明，尽管公告中将东方瓷器产地称为"东印度"，但实际上当时销往欧洲的瓷器应该产自中国和日本。迈森制瓷业崛起，为整个萨克森公国带来了巨大的财富，也为迈森小镇带来了无尽的荣誉，使其成为享誉世界的欧洲制瓷中心。

起初迈森工厂极力模仿中国销往欧洲的瓷器样式，不久开始尝试研发属于自己的釉料及样式。大概在 18 世纪中期，迈森推出了蓝色洋葱系列碗碟，呈现出自己独特的风格，成为其最著名的系列产品之一。这是一种源自中国瓷器图样的欧洲纹样，起初被称为球体纹样。由于迈森的画家们对

迈森蓝色洋葱瓷器

149

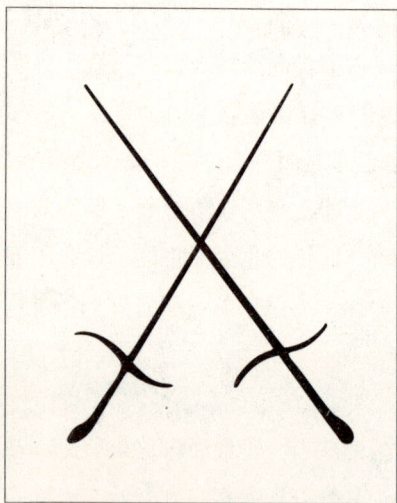

迈森瓷器 1722 年商标

中国瓷器上描绘的花卉和水果一无所知，因此他们混合了各种元素，绘成欧洲人较为熟悉的图案。所谓的洋葱并不是指真正的洋葱，根据历史学家的观点，它极有可能是中国瓷器上桃子和石榴图案的变体。整个设计构思精妙，融合了日本桃子、石榴和花卉图案，中间绘有牡丹与紫菀，其茎干则围绕着竹竿蜿蜒盘旋。这种蓝色洋葱受到欧洲市场的喜爱，这也是中国瓷器进入欧洲市场以后的衍生品，反映了东西方瓷器文化的交流和欧洲制瓷业的创新。

迈森瓷以白瓷著称，因制作精美，款式多样，自诞生以来一直是欧洲瓷器最高档的品牌，又因价格高昂，被誉为"瓷中白金"。至今迈森瓷器仍是欧洲餐桌和优良饮食文化的典范，每件瓷器都是手工设计并注有工厂商标。迈森瓷器的交叉双剑是全球最悠久的商标，自该品牌发明以来从未停止使用。从萨克森公国时代至今，迈森瓷始终是欧洲王室、贵族和上流社会追逐的对象。这也使其价格一度贵如黄金。著名的奥匈帝国皇后茜茜公主收藏了几千件迈森瓷器，据称这些瓷器身价已涨了数十倍，总价值在几千万欧元。迈森瓷器不仅有实用价值，还成为了欧洲最响亮的瓷器品牌和经久不衰的收藏品，受到各国顾客的喜欢和追捧。

18 世纪伊始，欧洲瓷器诞生，各国瓷器工厂纷纷设立。到 18 世纪下半叶，欧洲制瓷业已获得了迅速发展，德国迈森、英国韦奇伍

德、法国塞夫勒、奥地利皇家维
也纳、意大利卡波迪蒙蒂等成为
新兴的制瓷中心。它们从最初的
仿制、复制中国瓷器，到逐步融合、
创新生产出纯正欧式风格的瓷器，
不仅创造了辉煌的欧洲陶瓷艺术，
也推动了欧洲工业革命的发展和
各国经济的提升。尽管欧洲市场
仍大量进口中国瓷器，但是顾客
的心理已经发生了变化，中国瓷
器独霸天下、唯我独尊的时代一
去不复返了。

迈森瓷器 1972 年商标

英国韦奇伍德陶瓷

英国是较早参与中国瓷器贸易的欧洲航海国家之一。1600 年 12
月 31 日，英皇伊丽莎白一世授予英国东印度公司皇家特许状，给予
它在印度贸易的特权。此后，英国东印度公司的船队频繁往来于印度
洋和南中国海，通过与西班牙、荷兰的博弈甚至是商业战争，从 17
世纪下半叶开始成为远东贸易的重要国家。1715 年，英国人首先在广
州设立商馆，以此为据点加快推进中英贸易。通过东印度公司，英国
市场每年从中国购买大量的丝绸、茶叶、瓷器。尤其是 18 世纪以后，
饮茶成为英国人的时尚，用瓷器制成的茶具更是风靡英伦半岛，英国
国内对中国瓷器的需求不断上升。正是在这样的国内环境和整个欧洲
沉迷于揭秘中国制瓷术的大环境下，英国制瓷业也迎来了新的时代。

英国历史最悠久、最著名的瓷器品牌"韦奇伍德"（wedgwood）
诞生于 18 世纪中叶，创始人乔赛亚·韦奇伍德（Josiah Wedgwood）

是英国最具革新精神的陶瓷制造商之一。乔赛亚·韦奇伍德1730年出生在英国的一个陶工世家，从9岁开始，他就跟着兄长在父亲遗留下来的家庭作坊里制陶。韦奇伍德家族自17世纪开始从事陶器制造业，直到乔赛亚时才创立了英国最负盛名的陶瓷品牌。

乔赛亚毕生钻研制瓷技术，进行了超过5000种的实验。1759年，乔赛亚·韦奇伍德在斯塔福德郡创办了自己的第一家陶瓷工厂，并以自己的姓氏"韦奇伍德"作为产品的牌子。1762年，乔赛亚在利物浦结识了商人托马斯·本特利，利用对方提供的资金，乔赛亚开始研究新的制瓷技术。不久，他实验烧制出米白色的瓷器。1765年，这种瓷器得到了夏洛蒂王后的选用，韦奇伍德瓷器从此获准称为"王后御用陶瓷"(queen's ware)。韦奇伍德陶瓷质地经久耐用，式样是当时流行的新古典主义风格，面世不久便受到英国社会的追捧。

18世纪60年代末，韦奇伍德采用当时最新的工艺制造技术，生产出一种黑色不上釉、质地精细的炻器。这种炻器非常坚硬，与钢铁碰击时能产生火花。虽然材质表面没有光泽，但可以通过抛光等方式仿制古董和文艺复兴时期的制品。1775年韦奇伍德工厂又推出了碧玉细炻器。这是一种白色、无光、未上釉的炻器，与黑炻器一样可以作为装饰品。韦奇伍德聘用当时著名的雕刻家约翰·弗拉克斯曼，将他所做的各种雕像和浮雕花样翻制到碧玉陶器上。这些白色装饰物贴附在陶器的胎体上，与胎体的颜色形成强烈对比，立体浮雕效果令人惊叹，使陶瓷富有浪漫与尊贵的气息。

正是这种不断革新和创造的精神，使韦奇伍德工厂引领了英国乃至欧洲制瓷业的潮流。1774年，韦奇伍德工厂为俄国女皇卡特琳娜制作了一组952件套米白色餐具，每件瓷器上都绘有英国风景图，总共画了1244幅工笔画，从而使整套餐具成为独一无二的艺术品。1793年英国使团出使中国，将韦奇伍德瓷器作为国礼之一进献给乾隆皇帝。著名的罗马波特兰花瓶现藏于大英博物馆，成了英国的国宝。到18世纪末，韦奇伍德陶瓷制品已经享誉欧洲，欧洲许多工厂都效仿韦奇伍德工厂生产米白色陶瓷。1812年，韦奇伍德工厂首次推出精致的骨瓷餐具，在瓷中加入一定比例的动物骨粉，烧出来的白瓷色泽纯白，有一种半透明效果。这种瓷器温润、质轻、坚固、耐用，以其卓越品质占据欧洲高档白瓷的前列。

经过两个世纪的发展和积淀，韦奇伍德已经成为世界上最具英国传统陶瓷艺术的象征，1902年美国老罗斯福总统在白宫举行盛宴，1935年"玛丽皇后号"豪华邮轮首航，1953年英国伊丽莎白女王加冕的举世瞩目的世纪大典上，都有韦奇伍德骨瓷餐具的身影。

18世纪以来，英国著名的陶瓷制造商有韦奇伍德、德比、伍斯特、切尔西、科尔波特、波尔等，但是乔赛亚·韦奇伍德以其对英国制瓷业的杰出贡献，被誉为"英国陶瓷之父"。韦奇伍德瓷器始终卓越的品质和引领潮流的工艺，也使其成为英国陶瓷的领导品牌。《大不列颠百科全书》对乔赛亚·韦奇伍德作出了高度评价："对陶瓷制造的卓越研究，对原料的深入探讨，对劳动力的合理安排，以及对商业组织的远见卓识，使他成为工业革命的伟大领袖之一。"此外他还是著名科学家查尔斯·达尔文的外公。达尔文周游世界的经费，正是来自他母亲从韦奇伍德家族获得的一大笔财产，这使他得以畅游世界，最终写出了巨著《物种起源》。

法国利摩日瓷与塞夫勒瓷

在欧洲制瓷历史上，有一个被誉为"欧洲景德镇"的城市，那就是法国中部的利摩日（Limoges）。18世纪初，传教士殷弘绪把他从中国景德镇探听到的制瓷技术传回西方后，整个欧洲都开始寻找高岭土，加速了制瓷热潮的到来。1768年一位外科医生在利摩日附近发现了丰富的高岭土，从此这个地区就和高级精致白瓷紧紧地联系在一起。高岭土是制瓷的最关键原料，这种质纯色白的黏土经过 1400 度的高温煅烧，呈现质地硬朗、半透明的精致釉面。利摩日地方总督很快下令在此地兴建了第一座窑厂，因原料充足、技术高超，该地生产的白瓷被欧洲誉为"法国白金"，每年都有来自世界各地的王公贵族特使前来订货，整个欧洲 80% 的皇室瓷器都印着"利摩日出品"的标签。

虽然利摩日的制瓷术源自中国，但是它的产品创新又有特色，利摩日瓷钟就是其中之一。17 世纪，利摩日就发明了精美绝伦的瓷钟，这种钟表融合了当时最先进的机械钟表制造技术和制瓷技术，代表了欧洲最顶尖的发明创造之一，受到清朝皇帝的喜爱和赞赏。至今故宫博物院还收藏着康熙、雍正皇帝珍爱的利摩日瓷钟。1855 年利摩日著名的钟表生产品牌 L. Marti et Cie 代表法国参加巴黎博览会获得了铜奖，1889 年巴黎博览会获银奖，1900 年巴黎博览会获得金奖。19 世纪欧洲掀起中国热，利摩日又模仿中国福建德化窑成功烧制白瓷观音，质量上乘，形神兼具，这种西洋制造的观音雕塑不但畅销法国，还接到不少来自香港和澳门的订单。

利摩日瓷得天独厚的优势，使其成为法国瓷器的代名词，法国国立陶瓷博物馆就坐落在利摩日，这里每年都举办国际景泰蓝瓷器展，成为欧洲瓷业交流的中心。利摩日市政府右侧的路易·勃朗大街是法国著名的瓷器街，长 2500 米，分布着 70 多家百年老店和瓷器廊。这些老字号至今仍保留着前店后厂、全手工制作的传统，许多著名作坊都由老板亲自动手制作，延续着 300 年的法国制瓷历史。

法国瓷器制造业历史悠久，著名制瓷工厂不断涌现。除了在欧洲制瓷界地位堪比中国景德镇的利摩日，还有作为法国王室瓷器御用制造商、等同于法国官窑的塞夫勒（Sevres）。这两个著名的法国瓷器品牌都兴起于 18 世纪下半叶，既是法国技术革新的产物，也因为融入了当时最流行的中国风物，形成了一种时尚标杆，引领了18世纪欧洲的潮流。

　　塞夫勒皇家瓷器厂位于巴黎西南郊，始建于1756年，它的兴建与发展离不开法国历史上的两位著名人物——法国国王路易十五和他的情妇蓬巴杜夫人。18世纪中期，欧洲制瓷业的中心从德国迈森转移到法国，由于法国国王路易十五对中国艺术情有独钟，蓬巴杜夫人极力促成了1738年就已设立的塞夫勒陶瓷厂从维森迁到离凡尔赛宫更近的塞夫勒地区，并升级为皇家瓷器厂，专为法国王室生产瓷器，著名的塞夫勒品牌从此确立。

　　路易十五对当时的法国陶瓷工厂确立了明确的目标，要制造出超越德国迈森和德累斯顿的法国名瓷。不同于利摩日有丰富的高岭土可制造硬质瓷（高温瓷），塞夫勒创造性地推出了白色无釉素瓷小雕像，这是一种软质瓷（低温瓷），可以涂上各种颜色和釉料，样式丰富、形象生动。这使塞夫勒陶瓷在18世纪欧洲名瓷辈出的时代里异军突起。由于软质塞夫勒瓷器比较易碎，因此，在当代，完整的早期塞夫勒瓷器已相当珍贵。18世纪末，法国大革命爆发，国内政局动荡，工业生产受到严重影响，使塞夫勒瓷器失去了与迈森及德累斯顿瓷器一较高低的机会。1800年，塞夫勒瓷器厂由于新法兰西共和国经济的衰退而名存实亡。但是直到20世纪，许多法国瓷器制造厂还复制塞夫勒的产品，并添加镀金或镀铜，再现精美绝伦的塞夫勒瓷器风格。

　　塞夫勒作为皇家陶瓷厂的品牌，其艺术风格的形成也倾注了蓬巴杜夫人的心血。蓬巴杜夫人，又译为蓬帕杜夫人，原名让娜·安托瓦妮·特普瓦松，是法国国王路易十五的情妇、社交名媛。蓬巴杜夫人以其美貌和才情影响了路易十五的统治和法国的艺术。当时来自东方的中国风物让欧洲人趋之若鹜，她不遗余力地在法国推动中国艺术，除设立塞夫勒皇家陶瓷厂，还亲自督造瓷器生产，精心挑选设计纹样，

法国蓬巴杜夫人

在吸收、借鉴中国图案的基础上，形成了自己的风格，后人称为蓬巴杜风格，对法国制瓷业和艺术设计产生了深远的影响。在她的推动下，塞夫勒瓷器成为法国人书桌上一种流行饰品，塞夫勒瓷器的经典粉红色因此就叫蓬巴杜玫瑰红色。

法国的瓷器深深地融合了法国人的艺术创造，在它的创烧初期，受到中国制瓷技术和"中国热"的影响，吸收了中国文化的因子。随着技术的发展和不断创新，法国瓷器逐渐形成了自身的特色，跻身世界陶瓷艺术之林。

附录一：我国海域已发现的沉船

序号	发现地点	发现时间	沉船船主所属国家	沉船名称	沉船年代	出水器物
1	南海海域	1984年5月	荷兰东印度公司	盖尔德麻尔森号	1752年	15万件中国瓷器、125块金锭和两门青铜转炮
2	广东台山县川山岛海域	1987年8月	南亚或西亚国家（来中国贸易的外国船，满载货物返程时沉没）	南海一号沉船	南宋末到元代	福建德化窑、磁州窑、江西景德镇窑系、龙泉窑系的瓷器精品和瓷器、铜钱、锡亚、镀金腰带等
3	福建连江定海海域	1990年	未知	白礁I号沉船	宋代	不明
4	辽宁绥中县三道岗海域	1991年7月	中国（由渤海湾出发至朝鲜半岛、日本列岛）	绥中沉船	元代晚期	磁州窑瓷器如龙凤罐和婴戏图精品、也有纯白釉的梅瓶、仿建窑的黑釉瓷器和绿釉瓷、完整的磁州窑器物有1000余件。此外还有大量磁县铁器
5	西沙群岛华光礁环礁内侧	1996年	未知	华光礁一号	南宋	1.1万件珍贵的南宋瓷器，包括按照海上丝绸之路沿途各国文化定制的各类外销瓷，既有瓷盘也有插瓶，甚至波斯酒壶
6	福建地区的东海碗礁内侧	2005年6月	中国（小型的转资船，负责将货物转运到异地的其他远洋船只）	碗礁一号沉船	清代初期	90多种器型，近万件的将军罐、凤尾樽、筒花瓶、高足杯等。大部分是康熙中期景德镇民窑的外销瓷。一部分是做工精细、体现浓郁的欧洲风格，一部分则相对粗糙。可见这些瓷器的销路各不相同，至少可以确定其中一部分是销往欧洲国家
7	山东蓬莱水城小海	2005年	未知	蓬莱三号古船	元末明初	瓷器、陶器、料器、石器、瓜果种子、棕绳、草编、竹片等，其中两件高丽青瓷尤其珍贵
8	福建平潭大连岛鱼限海域	2006年	未知	大连沉船	元代	龙泉窑民窑青瓷
9	广东汕头南澳岛东南三点金海域	2007年	未知	南澳一号	明嘉靖至万历年间	出水瓷器、陶器、铁器、铜器、锡器等三万件，还有不少于四门四火炮和疑似炮弹似炮弹的圆形凝结物。是迄今为止发现的明代沉船里船位最多的，也是中国发现的第一艘满载"汕头器"的船
10	浙江象山小白礁山海域	2008年	未知	象山小白礁I号	清代道光年间	瓷器、陶器、铜器、锡器、石器、木器等

附录二：近年来国内举办的中国外销瓷专题展览

序号	名称	展出地点	展期
1	《瑞典藏中国陶瓷展》	故宫博物院	2005 年 9—12 月
2	《海贸遗珍——18—20 世纪初广州外销艺术品》	广州博物馆	2006 年 7 月开展，固定陈列
3	《中瑞陶贸易遗珍》	广州博物馆	2006 年 7—9 月
4	《芙蓉出水——清代康雍时期外销青花瓷精品展》	杭州南宋官窑博物馆	2008 年 5—8 月
5	《荷兰收藏家尼古文赫伊斯捐赠上海博物馆瓷器特展》	上海博物馆	2009 年 10—12 月
6	《华风欧韵——景德镇清代外销瓷精品展》	江西省博物馆	2010 年 10—12 月
7	《中国清代外销瓷展》	首都博物馆	2010 年 2—5 月
8	《中国清代外销瓷》	南昌大学博物馆	2011 年 7 月
9	《大海的方向：华光礁 I 号沉船特展》	海南省博物馆	2011 年 9 月开展，固定陈列
10	《海上瓷路——粤港澳文物大展》	澳门博物馆（首站）	2012 年 5—10 月
11	《瓷之韵——大英博物馆、英国国立维多利亚与艾尔伯特博物馆藏瓷器精品展》	国家博物馆	2012 年 6 月—2013 年 1 月